U0111831

大展好書　好書大展

品嘗好書　冠群可期

大展好書　好書大展

品嘗好書　冠群可期

武學名家典籍校注 10

孫祿堂八卦劍學

孫祿堂 著
孫婉容 校注

大展出版社有限公司

一代宗師孫祿堂

一代宗師孫祿堂

孫祿堂（一八六〇年十二月—一九三三年十二月），諱福全，晚號涵齋，河北省完縣人，是清末民初蜚聲海內外的儒武宗師，有「虎頭少保」「天下第一手」及「武聖」之稱譽。

孫祿堂從師形意拳名家李魁垣，藝成被薦至郭雲深大師處深造。之後又承武林大家程廷華、郝為楨親授，並得宋世榮、車毅齋、白西園等多位武林前輩的認可點拔。

郭雲深喜而驚歎曰：「能得此子，乃形意拳之幸也！」

程廷華贊曰：「吾授徒數百，從未有天資聰慧復能專心潛學如弟者。」

郝為楨嘆服：「異哉！吾一言而子已通悟，勝專習數十年者。」

孫祿堂南北訪賢，得多位學者、高僧、隱士、道人指點，視野廣開，尤其在《易經》、儒釋道哲理、內丹功法方面，收益奇豐。

孫祿堂精通形意拳、八卦拳、太極拳三拳，他以《易經》為宗旨，融會古今，打通內外，提出「三拳形雖不同，其理則一」的武學理念。孫祿堂已出版《形意拳學》《八卦拳學》《太極拳學》《八卦劍學》《拳意述真》五本武學經典。

孫祿堂創建的「孫氏太極拳」，在國術史上首次提出及印證了「拳與道合」這一經典命題，是太極拳發展史上的一座里程碑。

孫祿堂第一個提出：在文化領域裡，武學與文學，具有等同的價值；又率先提出「國術統一」的思想，這在當時中國武術界引發了極大的反響。

孫祿堂集武學、文學、書法、哲學、教育學、社會學等多科學問於一身，武有成，文有養，是文武共舞共融的實踐者。

孫祿堂先生（右）與其子存周

一九五六年，孫存周和妻子錢芝蘭(前右)與長女叔容(右一)、次女季容(左一)、三女婉容(右二)、子寶亨(左二)合影

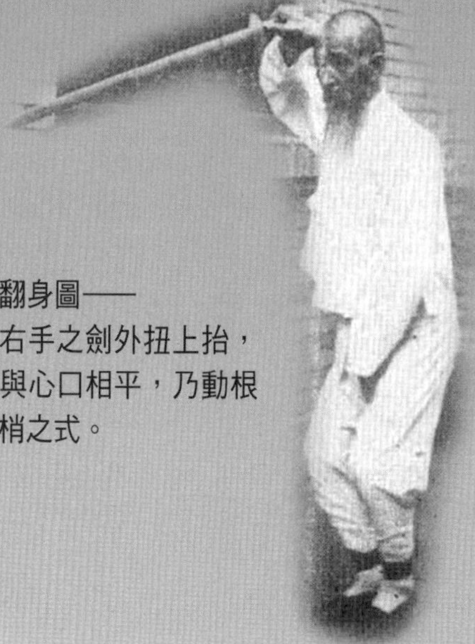

孫祿堂思維超前，第一個提出：武學，在文化領域裏，具有與文學等同價值。孫祿堂是最早使用「拳學」「劍學」為拳劍著作命名的先驅者，提升了武學的文化層面。

蟄龍翻身圖——

右手之劍外扭上抬，劍尖與心口相平，乃動根不動梢之式。

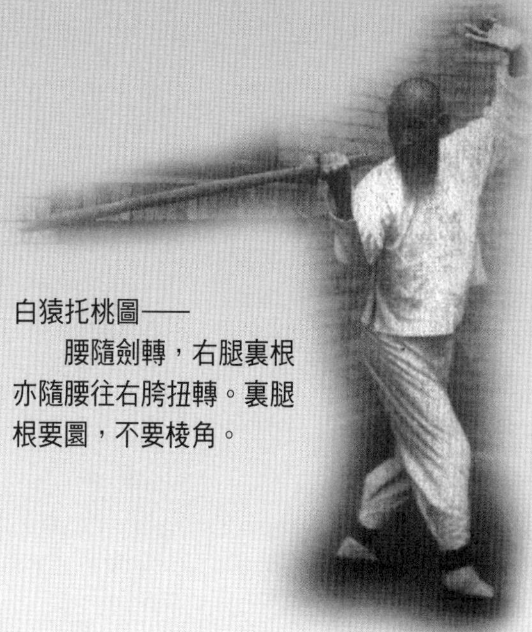

白猿托桃圖——

腰隨劍轉，右腿裏根亦隨腰往右胯扭轉。裏腿根要圜，不要棱角。

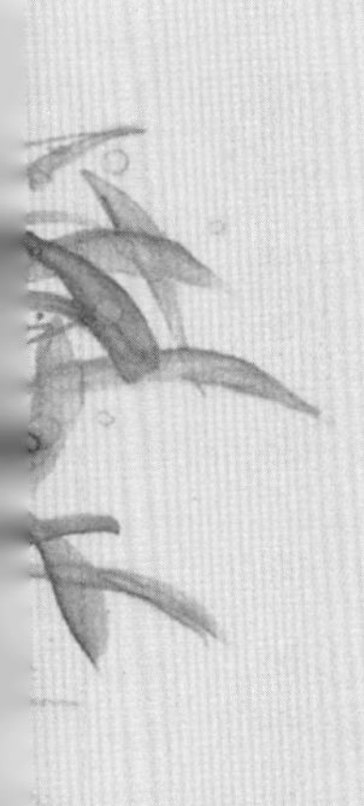

呼吸自然　氣自和順　靜極而動　動極而靜

出版人語

武術作為中華民族文化的重要載體，集合了傳統文化中哲學、天文、地理、兵法、中醫、經絡、心理等學科精髓，它對人與自然和諧共生關係的獨到闡釋，它的技擊方法和養生理念，在中華浩如煙海的文化典籍中獨放異彩。

隨著學術界對中華武學的日益重視，北京科學技術出版社應國內外研究者對武學典籍的迫切需求，於二〇一五年決策組建了「人文・武術圖書事業部」，而該部成立伊始的主要任務之一，就是編纂出版「武學名家典籍」系列叢書。

入選本套叢書的作者，基本界定為民國以降的武術技擊家、武術理論家及武術活動家，而之所以會有這個界定，是因為民國時期的武術，在中國武術的

發展史上占據著重要的位置。在這個時期，中、西文化日漸交流與融合，傳統武術從形式到內容，從理論到實踐，都發生了巨大的變化，這種變化，深刻干預了近現代中國武術的走向。

這一時期，在各自領域「獨成一家」的許多武術人，之所以被稱為「名人」，是因為他們的武學思想及實踐，對當時及現世武術的影響深遠，甚至成為近一百年來武學研究者辨識方向的座標。這些人的「名」，名在有武術的真才實學，名在對後世武術傳承永不磨滅的貢獻。他們的各種武學著作堪稱為「名著」，是中華傳統武學文化極其珍貴的經典史料，具有很高的文物價值、史料價值和學術價值。

首批推出的「武學名家典籍」校注第一輯，將以當世最有影響力的太極拳為主要內容，收入了著名楊式太極拳家楊澄甫先生的《太極拳使用法》、《太極拳體用全書》；武學教育家陳微明先生的《太極拳術》《太極劍》《太極答問》；一代武學大家孫祿堂先生的《形意拳學》《八卦拳學》《太極拳學》

《八卦劍學》《拳意述真》。民國時期的太極拳著作，在整個太極拳發展史上占有舉足輕重的地位。當時太極拳著作，正處在從傳統的手抄本形式向現代著作出版形式完成過渡的時期；同時也是傳統太極拳向現代太極拳過渡的關鍵時期。這一歷史時期的太極拳著作，不僅忠實地記載了太極拳架的衍變和最終定型，而且還構建了較為完備的太極拳技術和理論體系，而孫祿堂先生的武學著作及體現的武學理念，特別是他首先提出的「拳與道合」思想，更是使中國武學產生了質的昇華。

這些名著及其作者，在當時那個年代已具有廣泛的影響力，而時隔近百年之後，它們對於現階段的拳學研究依然具有指導作用，依然被太極拳研究者、愛好者奉為宗師，奉為經典。對其多方位、多層面地系統研究，是我們今天深入認識傳統武學價值，更好地繼承、發展、弘揚民族文化的一項重要內容。

本叢書由國內外著名專家或原書作者的後人以規範的要求對原文進行點校、注釋和導讀，梳理過程中尊重大師原作，力求經得起廣大讀者的推敲和時間的考驗，再現經典。

「武學名家典籍」校注，將是一個展現名家、研究名家的平台，我們希望，隨著本叢書第一輯、第二輯、第三輯……的陸續出版，中國近現代武術的整體風貌，會逐漸展現在每一位讀者的面前；我們更希望，每一位讀者，把您心儀的武術家推薦給我們，把您知道的武學典籍介紹給我們，把您研讀詮釋這些武術家及其武學典籍的心得體會告訴我們。我們相信，「武學名家典籍」校注這個平台，在廣大武學愛好者、研究者和我們這些出版人的共同努力下，會越辦越好。

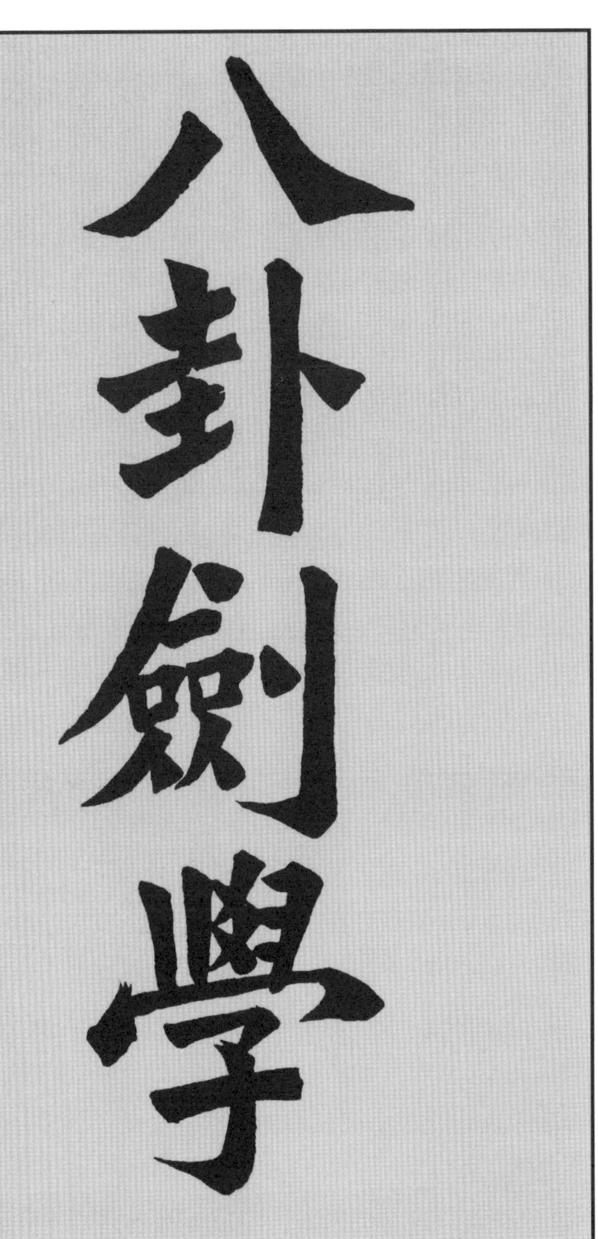
八卦劍學

陸軍步兵少校六等文虎章孫祿堂

序

古無所謂劍術也，自猿公教少女以刺擊，而劍術始見於記載。其他如宜僚之弄丸，魏博之取合，似與劍術有關，然不傳其術，無從加以評論。

予幼好技擊，苦無師承，清季覔①食春明，見有所謂三才、純陽、六合、太極、青龍諸劍名，心好之而終以為未至也。後獲親炙祿堂夫子，始得見所謂八卦劍者，竊以為嘆觀止矣。

蓋此劍脫胎於八卦拳術，左旋為陽，右旋為陰，於開合變化之中，見參互錯綜之妙。靜則太極，動則爻變，究其神之所至，即在不動時已含有靜極而動之妙用，非所謂陰陽合撰者耶？

祿堂師近復以所著《八卦劍術》見示，雖僅有八綱，學者如神而明之，則六十四卦之交錯，無不寓於八綱劍之中，猶之八卦實原於乾之一畫，是在學者體會已耳。

自媿②一知半解，未能闡發祿堂③師之意，爰就所知者粗述之，附驥名彰，抑亦鯫生之幸已。

民國十四年十二月歲次乙丑東台吳心穀拜序

【注釋】

①覔：音ㄇㄧˋ，古同「覓」。

②媿：同「愧」。

③祿堂：此處「堂」字原本無，據前文補。

自序

八卦劍術，傳者佚其姓名①，自董海川太夫子來京，始展轉②相傳，而八卦劍之名遂著。予親炙③程廷華夫子之門，廷華師固受業董太夫子者也。竊本得之廷華師者，因有此編之作，請得而申其義焉。

按八卦始於太極，由是而生兩儀、生四象、生八卦，其本體則一太極也④。吾人各有一太極之體⑤，故此劍之左旋右旋陰陽相生，實具太極之妙用⑥，一動一靜不離爻變，極其變化神奇之功，終不外參互錯綜之理⑦，故其外圓內方也，亦即圓以象天，方以象地之義也⑧。

伏羲之卦先天也，文王之卦後天也⑨，蓋先天者其體，後天者其用，劍之本體太極先天也，劍之縱橫離合後天也。惟其有先天之用，故寂然不動，惟其有後天之功，故變幻莫測⑩。分而為八，錯成六十有四，而實具於太極之中⑪，所謂散則萬殊，合則一本也⑫。自其用言之曰「八卦劍」，自其體言之，實即「太極劍」也⑬。

學者明吾身在太極之中，循吾書而求之，自然領會⑭。復次第作圖以明之，以示涂徑⑮，舉一反三，是在善悟者，至於神而明之，則又存乎其人已⑯。

民國十有四年十二月歲次乙丑直隸完縣孫福全自序

【注釋】

①八卦……姓名：是說八卦劍不知何人所傳。佚：失去。

②展轉：同「輾轉」。

③親炙（音ㄓˋ）：猶言親近。炙，原指火上烤肉。親炙是說直接得到某人的

教誨或傳授。

④按八卦……一太極也：謂八卦劍從太極練起。《周易・繫辭》曰：「易有太極，是生兩儀，兩儀生四象，四象生八卦。」太極，渾圓空虛，「始卒若環」（老子語）。兩儀指天地，天地即陰陽。四象指太陰、太陽、少陰、少陽。八卦指乾、坤、坎、離、震、艮、巽、兌。八卦掌、劍的本體乃是「太極」。

⑤吾人各有一太極之體：謂人體各自有一太極，人的意念可使自己渾然空虛，無知無識，即是八卦劍的起點。

⑥故此……妙用：謂舞起這八卦劍來，左旋為陽，右旋為陰，有左必有右，有陰必有陽，陰陽相生相成，實具太極的妙用。

⑦一動一靜……錯綜之理：謂八卦劍每一動一靜，做每一姿勢，都不能離開卦之爻和爻變。若推究爻變神奇之功至於極點，終不外陰陽參互交錯之理。

⑧故其……之義也：謂練起八卦劍來，其形象之所以外圓內方，也就是以圓象天、以方象地之義。

⑨伏羲……後天也：謂伏羲之卦，指單卦，為先天八卦；文王之卦，指重卦，為後天八卦。傳說《周易》成於四聖（即伏羲、文王、周公、孔子）。文王以後皆重卦，亦即後天八卦。

⑩蓋先天者……故變幻莫測：謂此八卦劍之本體始於太極，是先天；此劍之縱橫開合，是後天，惟其有先天之本體，故知當時寂然不動；惟其有後天縱橫開合之功用，才能變化莫測。

⑪分而……太極之中：謂分而言之，初為八卦，八卦交錯配合，則為八八六十四卦，合而言之，其實皆具於一個太極渾圓圖像之中。

⑫所謂……一本也：即所謂分散之則為萬殊（即各不一樣），合起來則為一體。

⑬自其用言之……「太極劍」也：謂從自其功用而言，則曰八卦劍，自其本體言，實為太極劍。

⑭學者……領會：謂學習八卦劍的人，若能明白我們每人之身都在太極之

中，從太極開始，循此書的順序，潛心研究，自然能夠領會。

⑮涂徑：道路，路徑，亦作「涂逕」。「涂」同「途」。

⑯舉一反三……其人已：謂學者有能舉一反三者，就在於其人勤奮精專，善於領悟；至於還有神而明之的，那就看其本人了。

八卦劍學　目錄

緒　言

⊙是編名為《八卦劍學》，其道實出於八卦拳中，習者應以八卦拳為主，以八卦劍為輔。不獨此劍為然，各派劍術亦莫不以拳術為其基礎。諺云：「精拳術者未必皆通劍法，善劍法者未有不精拳術」，誠知言也。

⊙是編發明此劍之性能，純以扶養正氣為宗，內中奇異名目不過因形式而定，一切引證均與道理相合，而諸法巧妙亦寓於是。

⊙是編劍法不務外觀，但求真道，以期動作運用旋轉如意。

⊙是編劍術與《易經》先天八卦、後天六十四卦、三百八十四爻，以至於變化無窮之理莫不相同。

⊙是編劍術之作僅舉八綱。八綱者，乾、坤、坎、離、震、艮、巽、兌八

卦也，亦即八正劍也。至於變劍無窮，要不出乎八綱之外，而八綱又係乾坤二卦之所生，書內節目數十，雖即八綱之條理次序，實即衍此乾坤二卦也。

⊙是編劍術練時，步法不外數學圓內求八邊之理，勾股弦之式，其手法亦不外八線中弧弦切矢之道。立法如是，學者亦毋拘拘，語其究竟，求我全體無處不成一〇而已。

⊙是編練法雖係走轉圓圈，而方圓、銳鈍、曲直各式即含於其中。練至純熟，而後則縱橫斜纏，上下內外聯絡一氣，從心所欲，無入而不自得，無往而非其道矣。

⊙是編標舉八卦劍生化之道，提綱絜領，條目井然，由納卦說起，至變劍要言終，是為全編條目。自虛無式起至太極式終，為八卦劍基礎。內中起止進退伸縮變化，一一詳載，練時一動一靜，按照定法不使錯亂，則此劍神化妙用之功，庶幾有得矣。

⊙是編與他種劍術不同，名為走劍，又名轉劍，或一劍一步，或一劍三四步，動作步法即是行走旋轉。譬之丈徑之圈，執劍不動，身體環繞，或一周而返，或三五周而返，功純者或數十周而返。他種劍術或剛或柔，或方或直，或縱或橫，或成三角等形式，其步法劍法，要不外乎一劍一步，或一劍二步、一劍三四步，或劍動步不動，數者與此旋轉者不同，至其應用則亦有異。

⊙是編劍術，初學須按式中步法規矩，若練之純熟，步法或多或少無須拘定，至於劍中節次，亦為便於初學，不得不加分析，習而久之，始終只是一貫也。

⊙是編每式各附一圖，庶使八卦劍之原理及其性質藉以切實表現，用達八卦劍之精神及其巧妙，因知各劍各式實係互相聯絡合為一體，終非散式也。

⊙是編附圖均用照像網目版，俾使學者得以模仿形式，實力作去，久之精妙自見，奇效必彰。世有同志者，願將此道極力擴充傳流後世，不令湮沒①，庶不負古人發明此道之苦心，著者有厚望焉。

【注釋】

①湮沒：原文「淹沒」誤，改為「湮沒」。

第一章　左右手納卦訣①

劍之動作運用與左右手之訣法，不外乎陰陽八卦②之理，裏裹外翻扭轉之道，亦即陽極生陰、陰極生陽之道也③。

右手執劍，手虎口朝上或向前，謂之中陰中陽；自中陰中陽往裏裹，裹至手心側著，謂之少陽；自少陽往裏裹，裹至手心向上，謂之太陽；自太陽再往裏裹，裹至極處謂之老陽。

又自中陰中陽往外扭，扭至手背斜側著，謂之少陰；自少陰扭至手背向上，謂之太陰；自太陰再往外扭，扭至極處謂之老陰④。

再手中陰中陽，胳膊往下垂著，劍尖向前指著，或劍尖朝上，皆謂之中陰中陽；劍從下邊中陰中陽著，往身後邊去，劍尖向外著，謂之老陰；右手在下

邊中陰中陽著，劍尖向前，手不改式，拉至後邊，劍尖仍向前，此式仍謂之中陰中陽；手中陰中陽著，自上邊從前邊往後邊去，在前邊劍尖向上，謂中陰中陽；劍尖向後並手向後邊去，謂之老陽；手在上邊，劍尖向後邊，手亦在後邊，手老陽著，手不改式往前邊來，劍尖仍指後著，此式仍謂之中陰中陽，此右手執劍之訣竅也。

左手之訣竅，中二指與大指伸著，無名指與小指屈著，但非舞劍一定不易之訣，亦有五指俱伸之時，然亦因式而為。

蓋左手五指之伸屈，藉以助右手運劍之用，不必格外用力，至其陰陽老少扭轉之式，與右手相同，惟左手在頭上太陰著，手腕極力塌住，謂之老陰；左手在右胳膊下邊太陰著，靠在右脅處，手腕極力塌住，亦謂之老陰，此左手之訣竅也。以上左右手之訣竅學者要詳細辨之。

【注釋】

①納：謂進入。卦：指陰陽八卦。訣：方法。

②陰陽八卦：乾、坎、艮、震、巽、離、坤、兌謂之八卦。乾、震、坎、艮為陽，坤、巽、離、兌為陰。

③裏裹外翻……生陽之道也：裏裹外翻扭轉之道，是指持劍在右手虎口向前，拇指向手背轉為裏裹，裏裹之極為陽之極。拇指向手心轉為外翻，外翻之極為陰之極。陰極生陽，陽極生陰，即物極必反的意思。

④右手執劍……謂之老陰：謂手虎口朝上或向前，謂之中陰中陽。自此中陰中陽往裏裹為陽，分少陽、太陽、老陽三個部位。反之，往外扭也分三個部位，即少陰、太陰、老陰三個部位。

第二章　練劍要法八字

走、轉、裹、翻、穿、撩、提、按，為練劍要法八字。

走者，行走步法也；轉者，左右旋轉也；裹者，手腕往裏裹勁也；翻者，手腕向外翻扭也；穿者，左右前後上下穿去也；撩者，或陰手或陽手，望著前後撩去，或半弧或圜①形，因式而出之也；提者，劍把往上提也；按者，手心裏邊向下按也。

【注釋】

①圜：音ㄩㄢˊ，同「圓」。

第三章　八卦劍左右旋轉與往左右穿劍穿手之分別

起點轉法無論何式，自北往東走，旋之不已，謂之左旋。自北往西走，轉之不已，謂之右轉。

凡穿劍穿手，往左右穿者，無論在何方，若往左胳膊或左足處穿劍、穿手或邁足者，謂左穿左邁；往右胳膊或右足處或穿或邁者，謂之右穿右邁。

此左右旋轉與左右穿劍、穿手、邁足之分別也。

第四章　無極劍學

劍學之無極者，當人執劍身體未動之時也，此時心中空空洞洞，混混沌沌，一氣渾然，此理是一字生這○①。一字者，先天之至道，這○者，無極之形式，是先天一字之所生。人生在世，未嘗學技，動作自然，是道之所行，是一字也②。及手執劍正立，身體未動，是一字生這○也③。

譬諸靜坐功夫，未坐之時，呼吸動作，是先天道之自然之所行，如同一字也。甫坐之時，兩腿盤趺④，兩目平視，雖未垂簾觀玄⑤、兩手打扣⑥，而心中空空洞洞，無思無想，一氣渾然，如同○也。及心神定住，再扣手垂簾塞兌⑦觀玄，又如同這◉⑧矣。

所以劍學與丹道⑨，初無差別，分之則二，合而為一，是即劍學無極之理，天地之始也。丹書云：道生虛無，返回煉虛合道⑩，是此意也。學者細參之。此理《大中秘竅》言之。

【注釋】

①此時……一字生這○：是說在練八卦劍之初，持劍在手，要求排除一切雜念，使心中虛無空洞、混沌、渾然一氣。此時排除一切雜念，即「一」字，心中虛無，即這「○」。

②人生在世……是一字也：是說未學技藝之前，人的動作自然是由道的指使，這道就是「一」字。

③及手……這○也：是說持劍將練未練之時，排除萬念，使心中一空，這就是「一」字生這「○」。

④兩腿盤趺：僧人盤腿而坐的姿勢。趺：音ㄈㄨ，與跗同，跗，足背也。

⑤垂簾：即眼簾下垂，閉眼。

觀玄：觀察玄妙事物，不是眞實見到，謂之「內視」。

⑥打扣：兩手疊起。

⑦塞兌：閉塞住一切可以與外界通達的器官。兌，通達，器官指耳目口鼻等。

⑧這◉：比這〇進了一步，這〇是無極的表現，這◉，便進入太極。

⑨丹道：指道教。道教煉丹（內丹），實與道家有別。道家尚自然，道教祈長生。

⑩丹書云……返回煉虛合道：在道教的書中曾說，道生於虛無，道能反回虛無，即合於道。丹書即道教研究內丹之書。

無極劍學圖解

起點面正，身子直立，不可俯仰；兩手下垂直，兩足為九十度之形式；右手執劍，手為中陰中陽之訣式，劍尖與劍把橫平直；左手五指伸直，手心靠著腿，兩手、兩足不可有一毫之動作。心中空空洞洞，意念思想一無所有。兩目望平直線看去，亦不可移轉，將神氣定住。此式自動而靜，由一而生這〇，即為無極形式，內中一切情形與八卦拳學無異，此道執械則為劍，無械即是拳，所以八卦拳學於各種器械莫不包含，學者可與八卦拳並參之（圖1）。

圖1　無極圖

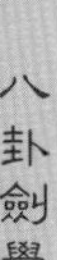

第五章　太極劍學

太極者，劍之形式也，無極而生，乾坤之母①，左轉之而為乾像，右旋之而為坤形②，劍之旋轉是內中一氣之流行也，此理是一字而生這〇，自這〇而又生⦶也，這⦶當中之一豎，是由靜極而生動，在人謂之真意，在丹道謂之先天真陽③，一氣為慧劍，在形意拳中謂之先天無形之橫拳，在八卦劍中謂之太極。此式初動，內雖有乾坤之理，外未具乾坤之象，所以謂之太極劍也。

譬諸坐功，由神氣定住，再垂簾塞兌，回光觀玄之時④，此時劍之初動是萬物之母，是以此劍不必格外再用內功之氣。劍之動作規矩法則，無不是內家拳術之道與丹道學之理。

丹書云：慧劍可以消身內之魔，寶劍可以辟世上之邪⑤。

【注釋】

①無極而生，乾坤之母：無極生太極，即太極生兩儀，乾坤即陰陽，故說太極乃「無極而生，乾坤之母」。

②左轉……為坤形：象與形，意相同。乾象坤形就是說在轉劍時表現出的形象，乾有乾象，坤有坤形，陰陽有別，故表現形式不同，方向不同。

③劍之……先天眞陽：劍在旋轉時是一氣流行，此一氣是先天之氣，由一而生○，靜極生動，由○變成⦶，這一豎在人謂之眞意，眞意即先天一氣，在道教謂之先天眞陽，亦即先天一氣。名稱不同，實即為一。

④再垂簾塞兌，回光觀玄之時：見前第四章注⑤及注⑦。

⑤慧劍……辟世上之邪：慧劍即先天一氣，一氣流行在內，渾然自適，心內之病（魔）可消。寶劍則可斬盡外界之邪惡。是說八卦劍內外兼修。

太極劍學圖解

起點，先將腰塌勁，頭往上頂住勁，兩肩往下垂著勁，舌頂上齶，口似張非張，似閤非閤①，鼻孔出氣，呼吸要自然，不可著意。兩足亦往上蹬勁，諸處之勁，皆是自然用意，不要用拙力。

再將左手大拇指與二指、中指伸直，無名指與小指用力屈回，稍節與中節、根節，直著與中指相併，五指屈伸用力要均勻。左手之式，並非與他劍揑訣相同，取其五指屈伸。

左手不必格外用力，此式能助右手之劍屈伸往來變化之力，亦並非一定不易之規矩，有時亦可五指俱伸，因劍之形式而定，學者不可膠執。

再將右足往裏扭直，與左足成為四十五度之式，兩手自中陰中陽，皆與右足往裏扭時亦同時往外扭，扭至兩手皆至太陰式停住。兩胳膊仍靠著身子，再將兩腿徐徐曲下，兩腿裏曲不可有死彎②子，如圖是也。

右手之劍亦與兩腿下曲時同時，胳膊靠著右脅，劍尖往著左足尖前平著伸去，與左足尖前邊成一交會線，手仍是太陰，劍把劍尖與心口平。

左手亦於劍動時手太陰著，同時胳膊靠著左脅，往右胳膊肘後下邊穿去，手背挨著右胳膊，左胳膊靠著心口，兩眼望著劍尖看去，將神氣定住。頭頂，兩肩下垂有往回縮之意，皆是自然，不可用拙力，方可得著中和之氣而注於丹田也（圖2）。

圖2　太極圖

【注釋】

①胳：音ㄍㄜ，同「咯」。

②彎：此處原文「灣」誤，據上下文義改作「彎」。後同，不另注。

第六章　乾卦劍學

乾卦劍者，是從太極劍這⦶而生。後天有形，這○因此式有圓之象，有左旋之義，故名之為乾卦劍①。

【注釋】

①乾卦劍者……故名之為乾卦劍：此是說乾卦劍是太極劍⦶生出的，這已是後天的形象了，又因○是圓形，左旋為陽，所以定名為乾卦劍。

第一節　乾卦蟄龍翻身

起點，先以兩手上下分開，右手之劍往外扭至老陰，扭時帶往上抬，抬至手背到頭額處停住，劍尖仍與心口相平。此劍之理有動根不動梢①之式，是此意也。

左手亦於右手扭時，同時往外扭至老陰，扭時胳膊靠著身子帶往下伸，伸至小腹處停住。中、食二指指地，腰再往下坐，兩腿再往下曲，頭虛靈頂住，兩肩亦往下垂②住，左腳後根③欠起，

圖3　蟄龍翻身

前腳掌著地，周身重心歸於右腿，兩眼仍視劍尖，如圖是也（圖3）。

以上自兩手分時，以④至於左足跟抬⑤起，重心歸於右足，動作俱是同時，要歸成一氣，所行皆是用意，動作要自然，不可拘滯。學者要心思會悟，身體力行，內中之理方可有得也。

【注釋】

①梢：原文「稍」誤，改作「梢」。後同，不另注。

②埀：音ㄔㄨㄟˊ，古同「垂」。

③根：原文「前後根」的「根」字同「跟」。後同，不另注。

④以：原文「壹」誤，改作「以」。

⑤抬：原文「台」誤，改作「抬」。後同，不另注。

第二節　乾卦天邊掃月

將兩手左右分開，右手之劍仍老陰著往上起過頭，胳膊往上伸直，又往右邊掃去，如一上半月形式。至右邊胳膊伸直。手往右邊掃時，掃至手太陰著，手與右肩平停住，劍尖略比劍把仰高點。

左手老陰著，與右手劍往上又往右邊掃時亦同時，胳膊靠著身子往左邊摟去，摟至手太陰與左膝相齊，上下相離四五寸許勿拘。

圖4　天邊掃月

左足亦於左手往左邊摟時，同時極力順著左手邁去，足落下地時，足尖往裏扣著點停住。

頭虛靈頂住，兩肩鬆開，腰塌勁，兩腿雷裏均往裏縮勁，頂鬆塌縮皆是用意不可用力。右邊小腹放在右邊大腿上，兩眼看劍之中節。所動之形式如圖是也（圖4），學者思悟明曉而後行之。

第三節　乾卦掃地搜根

隨即將右手之劍手太陰轉少陰，胳膊往下落，直著往左邊掃去，劍離地高矮隨便。右手自太陰轉至太陽停住，肘靠著右脅前邊，手比肘較低下點，劍在右足尖右邊斜直著，劍尖與右胳膊肘成一斜三角形式。

右足於①劍動掃時，同時邁至左足尖處，與左足成為倒八字形式，兩足尖相離一二寸許勿拘。

左手亦於右手劍動時，同時直著往上抬起，自太陰轉老陰，老陰又轉至太陰與頭平，大指與左額角處相離二三寸許勿拘，停住胳膊為半月形式，兩眼看劍尖。

腰塌，兩腿雷裹縮力，頭頂肩垂仍如前，惟是右手劍太陰著往左邊掃時，兩肩要鬆開，腹內亦要鬆空，停住之形式如圖是也（圖5）。此式學者要深悟之。

圖5　掃地搜根

【注釋】

①於：原文在同一語境「與」「於」混用，現據文意，改作「於」。後同，不另注。

第四節　乾卦白猿托桃

隨後再將右手之劍，手太陽著胳膊往前往右轉，連伸帶轉伸去如C形式。手自太陽往裏裹，裹至老陽劍刃上下著，手與口平，劍尖與右肘成一斜三角形式，劍把對左肘（成一斜三角），胳膊如半月形式。

腰隨著劍轉時亦同時向著右胯扭轉，右腿裏根極力往回縮，亦隨著腰往右胯扭轉。內中之意思，裏腿根要圓，不要棱角，意如C之形式，兩眼看劍尖。

左手於劍動時，亦同時手太陰著從頭往外翻又往上伸去，伸至極處，手翻至老陰，手虎口亦對著劍尖，左胳膊上節相離左耳一二寸許勿拘停住。

再右足於劍動轉時，亦同時斜著往前邁去，落地之形式與左足成一斜長方形式，身形之高矮隨便勿拘，兩足相離之遠近，總以再邁後足時不移動形式與內中之重心為至善處，此節之形式觀圖自明（圖6）。

將形式定住，再往左旋走去，旋轉圓圈數目之多寡與地之寬狹不拘。乾卦劍之目次分成四節，形式雖停而意未停，練時總要一氣貫串，不獨此卦為然。至於他卦以至變卦劍亦如是也，學者要知之。

圖6　白猿托桃

第七章　坤卦劍學

坤卦劍者是從乾卦劍這個有形之〇，物極必返①陽極而生陰成為這●，乾卦劍是自老陰旋轉而至老陽，故為這〇，坤卦劍是自老陽旋轉而至老陰，故為這●，所以此式與乾卦劍有左右旋轉之形式，彼左陽旋取乾之名，此右陰轉定名坤卦②。

【注釋】

①物極必返：宋·朱熹《近思錄》引宋·程頤曰：「如《復卦》言七日來復，其間無不斷續，陽已復生，物極必返，其理需如此。」

②坤卦：《周易·說卦》「坤，順也。」《孔穎達疏》「坤，順也，坤象

也，地順承於天，故為順。」

第一節　坤卦日月爭明

起點從白猿托桃旋轉時，右足在前微停，即將左足往右足尖邁去，與右足成一倒八字形式。

右手劍自老陽往外翻，往下落如掃下半弧線。翻至右邊，手至太陰停住，劍把與劍尖相平直，手與右足尖上下相齊，手高矮與心口平，劍往下掃時離地高矮勿拘。

右足於右手劍動時同時邁至右邊，

圖7　日月爭明

落地之形式與左足成一大斜長方形式，兩足相離之遠近以右胳膊伸直、手與右足尖上下成一直線為度。

再左手自頭上老陰著，於右手劍翻動時順著左邊身子往下落，自老陰往裏裹，連裹帶落，手至太陰，手虎口與左脅平，相離二三寸許勿拘。胳膊半月形式停住。兩眼看劍吞口①前三四寸許勿拘。

兩腿裏曲仍是半月形式，兩腿裏根鬆開勁，小腹如放在右腿根上之意，兩肩亦鬆開勁，腰仍塌住，頭虛靈頂住，停住之形式如圖是也（圖7）。

【注釋】

①吞口：劍身與劍把連接處之護手謂之吞口。

第二節　坤卦流星趕月

再將右手劍太陰著往右邊提轉，轉至右手高與鼻平，手仍太陰著，劍尖與腿根平，胳膊略微彎曲點。

左手太陰著，於右手劍動轉時同時往裏裹，靠著左脅往右胳膊裏根連穿帶裹穿去，至右胳膊裏根，手太陽著停住。左足與左手亦同時往前邁去，至右足尖處，與右足成一倒八字形式，兩腿彎曲著。

右手劍提轉時，是身子並腰與右腿根同時往右轉，不惟劍轉也。兩眼看右手，停住之形式如圖是也（圖8），頭

圖8　流星趕月

頂、肩垂、腹鬆、襠①開、腿根縮勁、塌腰皆如前。

【注釋】

①襠：原文作「𦢊」，音ㄉㄤ，本義為「耳下垂」之謂，用於此處誤，據上下文意改為「襠」。後同，不另注。

第三節　坤卦青龍返首

再即將右手劍太陰著往外翻，又往左邊如掃橫弧線，又極力往前穿去，手至老陰，手高與頭平，手背離頭二三寸許勿拘停住，劍尖與左胯相平。左手太陽著，與右手劍同時翻至老陰，手腕塌住往前伸直，胳膊仍靠著身子。左足於右手劍穿時亦同時往外邁去（足左邊為外），落地與右足成一斜長方形式，身子形式高矮勿拘，兩眼看劍尖。轉動時，是腰與左腿根同時往左邊扭轉，停住之形式如圖是也（圖9）。內外一切之動仍如前，微停，再往右旋轉走去，旋轉一周或二周或數周勿拘，圈之大小亦勿拘。

轉法與乾卦白猿托桃法相同，彼是手老陽著，此是手老陰著；彼是往左旋轉，此是往右旋轉。旋轉之數雖多寡不拘，但此劍之效力，惟在左右變換旋轉，總期旋轉之數多多益善。此節與本卦第一節雖分三節，亦是一氣串成，形雖停而意未停，學者要知之。

圖9　青龍返首

第八章　坎卦劍學

坎卦者，水之象也①，劍之形式如流水順勢之意，故名為坎卦劍也，內中有掃托之式，又有換式截抹之法，於此劍中用之變換最巧者也。

【注釋】

①坎卦者，水之象也：《周易・說卦》：坎，陷也。《孔穎達疏》「坎象水，水處險陷。」

第一節　坎卦天邊掃月

從坤卦青龍返首式，將左足在前邊，隨即再將右足邁至前邊，落地與左足成一倒八字形式。

隨後將右手劍老陰著，胳膊直著往右邊掃去，如掃上半月形式，至右邊胳膊直著，手往裏裹掃時，掃至手太陰、手與右肩平停住，劍尖略比劍把仰高點。

左手老陰著，與右手劍往裏裹掃時同時，胳膊靠著身子從右脅往下又往

圖10　天邊掃月

左邊摟去，摟至手太陰與左膝相齊，上下相離四五寸許勿拘。左足於左手往左邊摟時，亦同時極力順著左手邁去，足落地足尖往裏扣著點。兩眼看劍之中節，停住之形式、一切之勁性，與乾卦二節式相同（圖10）。

第二節　坎卦仙人背劍

即將右手劍太陰著往裏裏掃，又往上提，裹至右手老陽與頭平，右手相離頭左邊四五寸許勿拘。劍刃與右肩尖上下相齊，兩眼回頭看劍尖裏邊五六寸許勿拘。右足與右手劍裹時，同時往左足尖處邁去，落地與左足成一

圖11　仙人背劍

倒八字形式。

左手太陰著於右手劍動時，亦同時回到腹處大指根靠著臍處，手腕塌住勁，兩腿彎曲著，身子高矮勿拘，停住之形式如圖是也（圖11），塌腰頂頭縮腿根之勁仍如前。

第三節　坎卦仙人換影

即將右手劍老陽著從右邊往上抬起，過頭再往裏裏掃如掃一上半小弧線，裏至頭左邊手至太陰再往下落，落在左胳膊下節中間上邊，右手相離左胳膊肘前邊二三寸許勿拘，手由太陰至中陰中陽，又由中陰中陽翻至少陰停住。

身子並腰如螺絲意，於劍裏落時同時往左邊扭轉，劍尖高與眼平，又劍尖與左胯尖並左肩尖相對，兩眼看劍尖裏邊三四寸許勿拘。

左手太陰著與右手劍動時，同時從臍處胳膊靠著身子往右脅處極力伸去，

手背挨著右肘後邊停住。左足於右手劍裏落時，亦同時往左邊直著邁去，落地與右足成一斜長方形式，兩足相離遠近勿拘。

蓋身式高矮既不拘定，故兩足距離亦因而勿拘，初學之形式高矮如圖可也（圖12），停住一切之勁並精神貫注氣歸丹田之理，仍如前。

圖12　仙人換影

第九章　離卦劍學

離卦者，屬火也①，空中之象也，於此離卦劍式之中，有脫換搜抹虛空靈妙之法，故取名為離卦劍也②。

【注釋】

①離卦者，屬火也：《周易·說卦》：離象火。離卦中虛，故說空中之象。

②此式起點為白猿托桃，所以應在仙人換影式後邊加上天邊掃月、掃地搜根、白猿托桃三式，離卦劍便由白猿托桃式開始變為日月爭明式，如此上下才能連貫，套路才較完整，陽極生陰，陰極生陽，左旋右轉反覆練習。

第一節　離卦日月爭明

起點從白猿托桃式，右足在前微停，即將左足往右足尖處邁去，與右足成一倒八字形式。

右手劍自老陽往外翻著往下落，如掃一下半弧線，翻至右邊，手至太陰停住，劍把與劍尖相平直，手與右足尖上下相齊，手之高矮與心口平。劍往下掃時，右足同時邁至右邊，落地之形式與左足成一大斜長方式，兩足相離之遠近，右胳膊伸直，手與右足尖上下成一

圖13　日月爭明

直線為度。

再左手自頭上老陰著，於右手劍動翻時，順著左邊身子往下落，自老陰往裏裹，連裹帶落手至太陰，手虎口與左脅平，相離二三寸許勿拘，胳①膊半月形式停住，兩眼看劍吞口前三四寸許勿拘。一切之形式與坤卦劍第一節式均相同（圖13）。

【注釋】

①胳：原本誤作「胯」，據文章改作「胳」。

第二節　離卦白猿偷桃

再將右手劍太陰著，胳膊直著往外翻扭又往上起，翻扭至手老陰與頭平，手背離頭三四寸許勿拘，劍尖與左胯成一平直線。

左手太陰著，於右手劍往外翻扭時，同時往裏裹，靠著左脅，往右胳膊下節中間極力穿去，至手太陽與心口平。

左足於左手穿時亦同時邁至右足尖處，與右足成一倒八字形式。兩眼看劍尖裏邊四五寸許勿拘，兩腿彎曲著，停住之形式如圖是也（圖14）。一切之勁仍照前。

圖14　白猿偷桃

第三節　離卦仙人脫殼

再將右手劍老陰著，從頭前往上起，又往外翻扭到極處。手至太陽，又從頭上往右邊，胳膊直著如返掃弧線往右胯前邊落下去，手至少陽，胳膊仍直著，手與右腿裏根平，手離腿根遠近，手與右足尖在一圓弧線上為度。劍尖與右肩尖成一平線，兩眼再看劍尖裏邊六七寸許勿拘。

翻身之時，眼看著劍過來。再腿根與腰亦同時向右扭轉。再左手太陽著，

圖15　仙人脫殼

於右手劍往上起時，同時往外翻扭又往上起至頭上，胳膊伸至極處，手轉至老陰，手虎口對著右手，左胳膊之形式與白猿托桃左胳膊形式相同。

右足於兩手動時亦同時往右邊邁去，落地與左足成一斜長方形式，兩足相離之遠近勿拘，形式高矮亦勿拘，初學時遠近高矮照圖形式可也（圖15）。

內中一切之情形與《八卦拳學》大蟒翻身意思相同。形式雖分三節，內中之神氣務要一貫，學者要知之。

第十章　震卦劍學

震卦者，動之象也①，在卦則為雷，在五行則屬木，有青龍之象。在劍學則有直穿、斜穿、上下左右穿刺之形式，因有穿刺之法則，故取名為震卦劍，木形之理也。

【注釋】

①震卦者，動之象也：《周易・說卦》：震，動也。《孔穎達疏》：「震象雷，雷奮動萬物，故為動。震為龍，震動象龍動物。故有青龍之象。」按：震卦劍開始從坤卦青龍返首式，故由仙人換影式變成日月爭明、流星趕月、青龍返首三式，震卦劍白蛇伏草式便可從青龍返首式開始。

第一節　震卦白蛇伏草

起點從坤卦青龍返首式，右手劍老陰著，左足在前，隨即將右足邁在左足尖處，兩足成一倒八字形式。

再將右手劍從老陰往裏裹又往下落，裹至手中陰中陽，胳膊半月形式，手離右腿根四五寸許勿拘，劍與右腿根相平，劍離身之遠近一二寸許勿拘。

左手從右脅老陰著，於右手劍往裏裹時同時轉太陽，靠著身子往下伸直，又往左邊摟去，摟至胳膊伸至極處，手

圖16　白蛇伏草

至老陰，手與劍尖相平成一直線。

左足於左手往左邊摟時，亦同時往左邊邁去，落地兩足相離之遠近，左足尖與左手梢上下相齊為度，兩腿彎曲，下腰塌住勁，身子往前俯著點，俯至左邊小腹放在左大腿根上之意，兩眼看左手中二指梢，停住之形式如圖是也（圖16）。

第二節　震卦潛龍出水

起點即將左足抬起，不可高，極力往外扭，落地足尖向外。

右手劍中陰中陽著，往前直著穿去，穿至極處再按把，劍尖隨著往上抬起，起至劍尖與把上下相直，劍尖微往外坡著點，胳膊直著，右手之高矮與左手相平。右足於右手劍穿時，同時往前邁去，足尖往裏扣著落地，與左足尖成一倒八字形式。此式兩足尖相離略遠點，大約五六寸許勿拘。

再左手老陰著，於右手劍動穿時，亦同時往心口下邊來，從老陰裏至太陰，大指根陷坑靠住身子心口下邊。兩眼於劍往前穿時看劍尖，俟劍尖抬起停住時看劍半腰中，上下勿拘。腰塌住勁，兩腿彎曲著，停住之形式如圖是也（圖17）。

第三節　震卦青龍探海

即將右手劍中陰中陽著往外翻扭，又往上起，望著右眉處而來，至眉處手轉成老陰，劍尖從上邊往左邊來，從眉

圖17　潛龍出水

前斜著往前又往下極力探去，去手仍是老陰著，手與心口相平，劍尖與左足成一平線。

再左手太陰著，於右手劍動時同時往裏裹，裹至手太陽，俟右手至眉處往前探時，亦同時手太陽著，胳膊挨著身子從心口處往上穿去，手至頭正額處往外翻扭，扭至老陰，胳膊過頭伸至極處停住。

左足於劍探時並左手往上穿時，亦同時往上提起，腳面蹞①著，足心在右膝上邊挨住。腰塌住勁，兩腿裏根縮住勁，身子微往前俯著點，兩眼看劍尖，

圖18　青龍探海

停住之形式如圖是也（圖18）。

此式亦是一二三節合成一氣練之，譬如坤卦，初變震，次兌，次乾②，雖然形式變化有三，內中實是一氣貫串，八卦劍形式變化亦然，無論何卦，劍之形式外邊雖分節次，內中亦皆是一以貫之也，學者要細悟之。

【注釋】

①顛：音義待考，疑為「腆」字。後同，不另注。

②坤卦，初變震，次兌，次乾：坤為陰、震為陽，意即陰極生陽，陽極生陰，陰又生陽。總之陰陽互變要一氣貫串。

第十一章　艮卦劍學

艮卦者，山之象也①，艮其背，不獲其身，行其庭，不見其人，此劍有止而不進之意，又有退藏之形，故取名為艮卦劍。昔人云：「縮身藏於劍之下。」有見劍不見人之意，是此義也。

【注釋】

①艮卦者，山之象也：《周易・說卦》艮，止也。《孔穎達疏》：「艮象山，山體靜止，故與止也。」「艮其背是止之在後，止而無所見，當然不獲其身。不獲其身則相背，相背者雖甚近亦不得見，故行其庭不見其人。」（艮其背以下見《艮卦・卦辭》）。

按：此卦應自青龍探海式變為天邊掃月式、掃地搜根式、白猿托桃式，再變成坤卦日月爭明式、流星趕月式、青龍返首式，由此式接練艮卦黑虎出洞式。

第一節 艮卦黑虎出洞

起點從坤卦劍末節返首劍，手老陰著，左足在前，隨即將右足邁在左足尖處，與左足成一倒八字形式。

微停，即將右手劍從老陰往裏裹，又往下落，裹至手中陰中陽、胳膊半月形式，手離右腿根四五寸許勿拘，劍與右腿根相平，劍離身之遠近一二寸許勿拘。

左手從右脅老陰著，於右手劍往裏裹時同時轉太陰，靠著身子往下伸直又往左邊摟去，摟至胳膊伸至極處，手至老陰，手與劍尖相平成一直線。兩眼隨著看左手中二指梢。

左足於左手往左邊摟時往左邊邁去，落地兩足相離之遠近，左足尖與左手梢上下相齊為度。此時與白蛇伏草式相同，往下則不同矣。

式不停，隨即將右手中陰中陽著極力平著往前刺去，劍之高矮劍尖劍把與心口平。兩眼俟劍刺出看劍尖。

左手從老陰著，於右手劍刺時同時轉太陰，又於劍刺至極處時，亦同時五指伸開扣在右手腕上。前左膝極力往前攻，右腿極力蹬直，左邊小腹放在左邊大腿根上，腰塌住勁，頭頂，兩肩往回縮住勁，身子微往前俯著點，停住之形式如圖是也（圖19）。

圖19　黑虎出洞

第二節　艮卦白蛇吐信

即將右手劍中陰中陽著往下按劍把，劍尖往上起，一條弧線著往右邊來，從左邊至右邊成一半月形式。右胳膊曲回時靠至右脅，右手轉為老陽，右手離胸前一二寸許勿拘，劍尖與劍把平直。

再左手太陰著，於右手按劍把時同時往裏裹，裹至太陽，再從右手腕裏邊，胳膊靠著身子往外扭，又往下穿去，至左腿根手轉成太陰。

左足於右手劍往右邊歪時，亦同時扭足根，足尖往裏扣。此時之形式似停而未停，右手劍仍老陽著往前刺去，胳

圖20　白蛇吐信

膊伸至極處，手之高矮與上胸平，兩眼看劍尖。

左手太陰著於劍往前刺時，亦同時往左邊摟去，胳膊伸至極處，手轉成老陰，手高矮與左脅下窩平，兩腿彎曲著，停住之形式如圖是也（圖20）。

第三節　艮卦青龍截路

即將右手劍老陽著往外翻扭，扭至太陰，胳膊直著，手與右足尖前上下相齊，右手高矮與胸前平，劍尖與左肩成一平線亦勿拘。兩眼看劍當中勿拘。

右足於右手劍往外翻扭時，同時足尖往外擺，落地與兩足八字形相似。

左手老陰著，於右手劍翻時亦同時

圖21　青龍截路

往裏裹，胳膊曲回，手裹至太陽，靠住左脅，兩腿曲下，兩腿根縮住，腹內要鬆空，停住之形式如圖是也（圖21）。

第四節　艮卦白猿偷桃

再將右手劍太陰著，胳膊直著往外翻扭，又往上起，翻扭至手老陰，手與頭平，手背離頭三四寸許勿拘，劍尖與左胯成一平直線。

左手太陽著，從左脅於右手劍往外翻扭時，同時靠著身子往右胳膊下節中間極力穿去，穿至極處，手仍太陽著，

圖22　白猿偷桃

手與心口平。

左足於左手穿時，亦同時邁至右足尖處，與右足成一倒八字形式，兩眼看劍尖裏邊四五寸許勿拘，兩腿彎曲著，停住之形式如圖是也（圖22）。

第五節 艮卦仙人入洞

再將右手劍老陰著，從頭前往上起又往外翻，扭到極處手至太陽，又從頭上往右邊，胳膊直著如返掃弧線往右邊落下去，胳膊伸至極處，手至少陽與小腹平，手離小腹尺許勿拘。

身子於右手劍掃時同時往右邊扭轉，兩眼看劍當中，上下勿拘，劍尖與右足尖相平直勿拘，劍尖又與右肩成一斜直線。右足於右手劍往下落時同時極力提起，起至足心挨著左膝上邊，腳面顛著。

左手太陽著，於右手劍往上起時，同時往外翻扭，又往上起至頭上，胳膊伸至極處，手轉至老陰，手大指根對著右手。左胳膊之形式與白猿托桃左胳膊動作相同。左腿彎曲著，兩腿裏根往裏縮勁，腰塌住勁，身子微往前俯著點，停住之形式如圖是也（圖23）。

第六節 艮卦日月爭明

即將右足往右邊邁去，落地足尖直著微往裏扣著點，與左足成一大斜長方形式。

右手劍自少陽著，於右足邁時同時往外翻扭，胳膊直著往下邊如掃下弧

圖23 仙人入洞

線，翻至右邊，手至太陰停住，劍把與劍尖相平直。手右足尖上下相齊，手高矮與心口平，劍往下掃時離地高矮勿拘。

再左手自頭上老陰著，於右手劍動翻時，順著左邊身子往下落，自老陰往裏裹，連裹帶往下落，手至太陰，手虎口與左脅平，相離二三寸許勿拘，胳膊半月形式，手腕往後撐著勁停住，兩眼看劍吞口前三四寸許勿拘。

一切之形式、勁性，與坤卦第一節形式相同（圖24）。

圖24　日月爭明

第七節　艮卦流星趕月

再將右手劍太陰著往右邊提轉，轉至右手高與鼻平，手仍太陰著，劍尖與腿根平，胳膊略微彎曲點。

左手太陰著，於右手劍動轉時同時往裏裹，靠著左脅往右胳膊裏根連穿帶裹穿去，至右胳膊裏根，手太陽著停住。左足與左手亦同時往前邁去至右足尖處，與右足成一倒八字形式，兩腿彎曲著。右手劍提轉時，是身子並腰與右腿根同時往右轉，不只劍轉也。兩眼看右手，停住之形式與各處之勁與坤卦第二節相同（圖25）。

圖25　流星趕月

第十二章　巽卦劍學

巽卦者，風之象也①，在天為風，在人為氣，在卦為巽。巽卦劍有順旋逆返之式，回風混合之理，有散有收。因有風之理，故名為巽卦劍也。

【注釋】

①巽卦者，風之象也：《周易・說卦》：巽入也。《孔穎達疏》：「巽象風，風行無所不入也。」

按：巽卦劍葉裏藏花式是由白猿托桃式開始，而上章艮卦最後為流星趕月式，必須再變青龍返首式，再變天邊掃月、掃地搜根式，再變白猿托桃式，巽卦劍葉裏藏花式才可開始。

第一節　巽卦葉裏藏花

起點白猿托桃式，右足在前，即將左足邁在右足尖處，與右足成一倒八字形式停住。再將右手劍老陽著往外翻扭，扭至手太陰。右足於右手劍往外翻扭時，同時往右邊邁去，落地足尖往外擺著。

身子於劍往外翻時，同時往右邊扭轉，右手靠著左脅，劍平直著，劍之所指與左足根上下成一直線。

左手於右手劍往外翻扭時，亦同時

圖26　葉裏藏花

老陰著往裏裹又往下落，裹至手太陽，胳膊直著高與心口平。

兩腿曲下，兩腿裏根縮住勁，腹內鬆空著，兩眼順著右肘往前平著看去，停住之形式如圖是也（圖26）。

第二節 巽卦葉裏藏花

右手劍與左手不動，即將左足邁至右足尖處，與右足成一倒八字形式。

兩腿曲著，塌腰縮腿裏根，一切之勁仍如前，兩眼仍順著右肘往平看去，停住之形式如圖是也（圖27）。

圖27 葉裏藏花

第三節　巽卦葉裏藏花

再將右足往右邊擺著邁去，落地直著，足尖微往裏扣著點，兩足之形式仍與斜長方形式相似勿拘。

隨即右手劍太陰往右邊橫平著掃去，身子於劍往右邊掃時，同時往右邊扭轉，劍掃至與左足根上下為一平線，手仍太陰著，兩眼看劍尖。

左手太陽著於右手劍往右邊掃時，同時與右手左右分開，胳膊伸至極處，手仍太陽著，與右手左右相平。腹內鬆

圖28　葉裏藏花

空，神氣定住，兩腿曲著，停住之形式如圖是也（圖28）。

旋轉之形式，自一節起左足扣右足往外擺，至二三節，兩足之形式皆是從著圓圈外邊⑳擺扣，不往圈裏邊去，學者要知之。

第四節 巽卦猛虎截路

兩足不動，即將右手劍太陰著往裏裹，又往上起，起至與頭平，手裏至老陽，右手離頭五六寸許勿拘。劍在兩腿中間，劍尖與後腰平勿拘。

左手太陽於右手劍往裏裹時，同時往外翻扭往臍處來，胳膊靠著身子，兩眼看劍當中勿拘，此式似停而未停，即將頭與身子扭轉左邊來。

右手劍老陽著，胳膊伸直，與身扭轉時同時往裏①裹，從頭上如掃弧線，掃至左邊來，手裏至老陰，手高與頭平。

右手離頭五六寸許勿拘，劍尖仍與後腰平直勿拘，兩眼看劍尖或劍尖裏邊

勿拘。左手太陰著，胳膊靠著身子，於右手劍往左邊裏時，亦同時往右脅伸去，伸至老陰，大指根靠著右脅，兩腿彎曲著，腹內鬆空，氣沈②丹田，停住之形式如圖是也（圖29）。再走右手劍往外扭轉，仍老陰復於青龍返首之式，往左旋走去，走時先邁左足。

【注釋】

①裏：原文此處為「裡裏」二字，據文意刪去一字。

②沈：音ㄔㄣˊ，同「沉」。

圖29　猛虎截路

第十三章　兌卦劍學

兌卦者，澤之象也，有金之義焉①，此式劍中有几刷②撩之法，又有劈搩③之形，有搜捉之理，皆剛屬之義，故名為兌卦劍也。

【注釋】

①兌卦者，澤之象也，有金之義焉：《周易・說卦》：兌，說也。《孔穎達疏》：「兌象澤，澤潤萬物，故為說也。」《兌卦・彖》曰：「兌說也，剛中而柔外。」即內剛而外柔，剛主斷決，故曰有金之義。

按：兌卦第一節起點於白猿托桃式，故應由巽卦最後青龍返首式變為天邊掃月式，再變為掃地搜根式，再變為白猿托桃式，兌卦刷膀式即可開始。

②刷：音ㄆㄧㄢ，削也。後同，不另注。
③挆：音ㄉㄨㄛˋ，古同「剁」。

第一節　兌卦刷膀

起點乾卦白猿托桃式，右足在前，即將左足邁至右足尖處，與右足成一倒八字形式。

右手劍老陽著，於右足邁時同時往左膀尖外邊刷去，胳膊伸直往下落去，胳膊靠著身子，右手劍中陰中陽著，手挨著左腿雷裏，劍尖與左肩平勿拘，兩眼看劍尖或劍尖裏邊勿拘。

圖30　刷膀

左手老陰著，從頭上於右手劍動時，同時往裏裏又往下落，落至臍處，手至中陰中陽不停，即速肘靠著左脅，手心挨著身子，於右手劍刷時同時往上穿去，穿至中二指與頭齊，手太陽著（手心對面①即是太陽），兩腿曲下，腰塌住勁，兩腿裏根往回縮住，停住之形式如圖是也（圖30）。

【注釋】

①手心對面：面就是臉，對面就是對著臉。

第二節　兌卦回馬劍

即將右手劍中陰中陽著，胳膊直著從左腿根處如走弧線往右邊又往上提去，提至右手與胸平，手至老陰，劍尖往前斜指著，劍尖高與膝平勿拘。此式有撩劍之意，兩眼看劍尖處。

左手太陽著，從頭前於右手劍往右邊提時，同時順著身子往下落，落至臍處，手心挨著身子。右足於兩手動時亦同時往前邁去，落地足尖微往外扭著點，步之大小不可有意，務要腿往前邁時與平常行路一樣自然，不可勉強。停住之形式如圖是也（圖31）。

第三節　兌卦回頭望月

即將右手劍老陰著，直著胳膊往上提起，起至頭上手仍是老陰，自頭上不停，再往右邊身後劈去，胳膊伸至極

圖31　回馬劍

處，手中陰中陽著，劍尖往外仆著點，手高與胸平。兩眼看劍中間勿拘，劍往後邊劈時，劍尖走一條上弧線，自前邊往後邊劈過。

身子於劍往後劈時，同時往右邊扭轉，左手中陰中陽著，從臍處於右手劍往上提時，同時往前又往下斜著伸去，伸至極處，手與腿根平。

此時右手到頭上，右手劍在往後邊劈時，左手亦同時再往上起，起至高與右手前後相平，手至太陰停住。

再左足於右手劍往上提時同時邁至前邊落地，足尖直著微往外擺著點。再

圖32　回頭望月

右足於右手劍從頭上往後邊劈時，亦同時邁至前邊落地，足尖往外擺著，兩腿微彎曲著點。邁左右足時均要自然，意與行路無別。停住之形式如圖是也（圖32）。

第四節 兌卦仙人釣魚

隨即將右手劍中陰中陽，胳膊直著如畫弧線往下落，落至離右胯六七寸許勿拘，劍刃亦直著往下落，落至劍尖與劍把相平，劍尖往下低點亦勿拘。

左手太陰，胳膊直著，亦如畫弧線，於右手劍往下落時同時往上起，起至手過頭仍是太陰，與右手上下前後成一斜直線。

左足於兩手動時亦同時往前邁去落地，足尖極力往外擺著，形式不可停。再將右手劍中陰中陽著，從右胯後邊如畫下弧線往前邊撩去，撩至手老陽，手高與胸平，劍尖與右脅平，兩眼望著右手前邊看去。

再左手太陰著，於右手劍往前邊動作撩時同時往外扭，扭至老陰，如畫上弧線往左邊來，又往下落，落至與右手相平，胳膊直著，手又轉至太陰。

右足於兩手動時亦同時邁至前邊落地，足尖極力往裏扣著，與左足成倒八字形式，此倒八字形式，兩足尖要相離四五寸許勿拘。

再將右手劍老陽著，胳膊直著如畫上弧線，從右邊往左邊斫去，胳膊伸至極處，手中陰中陽著，右手高與心口下臍上相平，亦勿拘。

身子於右手劍往左邊斫時，同時向

圖33　仙人釣魚

左扭轉，兩眼看劍尖處。再左手太陰著往裏裹，與右手劍動時同時到小腹處，手心挨著身子，又從小腹處於劍往下斫時，同時順著身子往上去，胳膊伸至極處，手扭成老陰。

再左足右手劍往左斫時，亦同時極力抬起，腳面頡著，足心挨右膝上邊，兩腿裏根往裏縮住勁，頭頂勁，身子微往前俯著點，右腿略有曲之意思。停住之形式如圖是也（圖33）。

此四節雖有停住形式，亦要一氣貫串，學者要細參之。

第十四章　八卦劍應用要法十字

挑、托、抹、掛、剮、搜、閉、掃、順、截。

挑者，手老陰著，如青龍返首式，往前去挑住敵人之手腕或胳膊皆可，謂之挑。

托者，手老陽著，如白猿托桃式，往前去托住敵人之手腕或胳膊，俱是謂之托。挑時多在敵人劍裏，托時多在敵人劍外。

抹者，將敵人之手腕或胳膊用劍挑住或托住後，身形與劍或左或右走去，是謂之抹。

掛者，敵人之劍已及己腕或斫己身右邊時，用劍迎在敵劍上邊，曲回胳膊，縮回身體，與劍一氣往回帶敵之劍，隨帶隨出，看勢擊敵，是之謂掛。

刷者，敵人用手托住左臂或劍將及左臂時，即將左胳膊往右胳膊下邊伸去，用劍往左肩前邊斫去是之謂刷。

搜者，敵人之劍或斫我上或斫我下，我之劍意在敵先，望敵手腕或左或右似削物然，速去速回，倏①忽若電，是之謂搜。

閉者，敵人之劍將出而未出之時，即速用劍堵住敵手不令出劍，此之謂閉。

掃者，上下掃也。敵腕被我用劍挑住，彼欲變法，我速用劍纏繞彼腕，令彼欲變不得，是謂上掃。敵劍斫我裏腕或外腕時，即速縮身下式或左或右，用劍望著敵人之腿如掃地一般斫去，謂之下掃。

順者，敵劍望我擊來，我順彼勢隨之引出，或敵劍將要抽回，我順彼勢隨之送入，皆謂之順。用此字時，不可強硬進退，均以意為之。

截者，敵劍擊來，我速用劍擋②住敵腕或劍，令彼不能得勢，無分上中下三路，均謂之截。

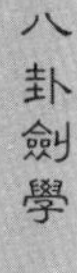

上十字者即此劍應用之要法也。雖云要法，然用時亦必內而神意，外而手足，與劍合為一體，方可應用咸宜，變化無窮。

【注釋】

①倏：音ㄕㄨ，同「倐」，極快地，忽然。

②擋：原文「攩」，音ㄉㄤˇ，同「擋」。

第十五章　八卦劍①變劍要言

八卦劍之道，有正劍，有變劍。正劍即體劍也，亦即八綱劍也。變劍者，自八綱劍互相聯合，錯綜變化而生無窮之形式也。

譬之易卦，伏羲八卦為先天卦，是體卦也；文王六十四卦為後天卦，是變卦也，至於周公三百八十四爻，則又變中之變也。

或曰是劍既有變化之道，自應與正劍一體，為之圖為之解，以貽後學，俾免失傳。奈何是編僅舉八綱而不及其變乎②？曰：是難言也，鄙意亦何嘗不爾③。

惟是此劍之理雖與易道變化相同，然此劍形式之變化則與易道有異。易卦形式之變，乾變坤，坤變乾，泰變否，否變泰④，或上變而下不變，或下變而上不變，或上下不變而內卦變，內中之理無論如何變化，外形固皆有跡象之可尋。是劍之變化則不然也。

例如乾卦劍中白猿托桃一式，身形不動是此式，身形高矮不同仍是此式；走轉一步是此式，走轉無數步亦是此式，故劍變身不變者有之，身變劍不變者有之，手與劍不變而足變者固謂之變，身劍手足皆不變，惟眼神所注上下左右有所移換，則亦變也。其變化之至微妙者，外形完全不變而內中之意變，亦不得不謂之變也。

一身之變化與天地生物不測之意正同，則其式寧可數計，若為圖解，既非若卦畫之簡易易明，則仍難免罣一漏萬之誚⑤。是以提綱振領，僅舉正劍之形，不及變劍之式，然學者即身體驗，時習力行，求其正即以達其變⑥，見仁見智，識大識小，亦各存乎其人，久久精純，道理自得，充於中，形於外，從心所欲，罔或逾矩⑦，靜則存動，變則變，而至於化，化而通於神，正劍云乎哉，變劍云乎哉⑧。

【注釋】

①原文無此「劍」字，據本書目錄添加。

②或曰是劍……而不及其變乎：是說劍既有變化之方法，應和正劍一樣，有圖像、有圖解，以貽後學而免失傳，為什麼僅舉八綱正劍而不提變劍呢？貽：贈遺也。

③是難言……何嘗不爾：是說我亦想說明白，但很難說透。

④泰變否，否變泰：泰和否（音ㄆㄧˇ）皆為卦名。泰是乾下坤上，天地交而萬物通，順也。否是坤下乾上，天地不交萬物不通，惡也。這裏泰變否，否變泰，也是陰陽互變，形式多樣。這些變化從表面看是有跡可尋的。

⑤一身之變化……罣一漏萬之誚：言劍的變化多端，與天地萬物的千變萬化一樣不能測知，更不可以數計，至於神變意變絕非文字和圖解所能表達。即便舉出數例，終難免挂一漏萬之誚。卦畫：即表示卦象的形式，如乾為☰，坤為☷。誚：譏諷也。罣：音ㄍㄨㄚˋ，同掛。

⑥求其正即以達其變：正與變反，但正變皆為法則，這裏是說遵循正規法度去做，日久技熟而精，便可達到變化無窮的妙境。

⑦罔或逾矩：接上句之意，如能照法去練，則不會不合乎規矩。罔：不也。或：助詞。逾：超越。逾矩：不合乎規矩。

⑧正劍云乎哉，變劍云乎哉：接上句之意，八卦劍練至精純，就能變化而通神，從心所欲，無往而不勝，還說什麼正劍與變劍？

八卦劍學

陸軍步兵少校六等文虎章孫禄堂

序

古無所謂劍術也自猿公敎少女以刺擊而劍術始見於記載其他如宜僚之弄丸魏博之取合似與劍術有關然不傳其術無從加以評論予幼好技擊苦無師承淸季覔食春明見有所謂三才純陽六合太極靑龍諸劍名心好之而終以爲未至也後獲親炙祿堂夫子始得見所謂八卦劍者竊以爲歎觀止矣蓋此劍脫胎於八卦拳術左旋爲陽右旋爲陰於開合變化之中見參互錯綜之妙靜則太極動則爻變究其神之所至卽在不動時已含有靜極而動之妙用非所謂陰陽合撰者耶祿堂師近復以所著八卦劍術見示雖僅有八綱學者如神而明之則六十四卦之交錯無不寓於八綱劍之中猶之八卦實原於乾之一畫是在學者體會已耳自媿一知半解未能闡發祿師之蘊爰就所知者粗述之附驥名彰抑亦餘生之幸已

民國十四年十二月歲次乙丑東臺吳心穀拜序

自序

八卦劍術傳者佚其姓名自董海川太夫子來京始展轉相傳而八卦劍之名遂著予親炙程廷華夫子之門廷華師固受業董太夫子者也竊本得之廷華師者因有此編之作請得而申其義焉按八卦始於太極由是而生兩儀生四象生八卦其本體則一太極也吾人各有一太極之體故此劍之左旋右旋陰陽相生實具太極之妙用一動一靜不離爻變極其變化神奇之功終不外參互錯綜之理故其外圓內方也亦即圓以象天方以象地之義也伏羲之卦先天也文王之卦後天也蓋先天者其體後天者其用劍之本體太極先天也劍之縱橫離合後天也惟其有先天之用故寂然不動惟其有後天之功故變幻莫測分而爲八錯成六十有四而實具於太極之中所謂散則萬殊合則一本也自其用言之曰八卦劍自其體言之實即太極劍也學者明吾身在太極之中循吾書而求之自然領會復次第作圖以明之以示途徑舉一反三是在善悟者至於神而明之則又存乎其人已

民國十有四年十二月歲次乙丑直隸完縣孫福全自序

八卦劍學

目錄

緒言

一是編名爲八卦劍學其道實出於八卦拳中習者應以八卦拳爲主以八卦劍爲輔不獨此劍爲然各派劍術亦莫不以拳術爲其基礎諺云精拳術者未必皆通劍法善劍法者未有不精拳術誠知言也

一是編發明此劍之性能純以扶養正氣爲宗內中奇異名目不過因形式而定一切引證均與道理相合而諸法巧妙亦寓於是

一是編劍法不務外觀但求眞道以期動作運用旋轉如意

一是編劍術與易經先天八卦後天六十四卦三百八十四爻以至於變化無窮之理莫不相同

一是編劍術之作僅擧八綱八綱者乾坤坎離震艮巽兌八卦也亦即八正劍也至於變劍無窮要不出乎八綱之外而八綱又係乾坤二卦之所生書內

節目數十雖卽八綱之條理次序實即衍此乾坤二卦也

一是編劍術練時步法不外數學圓內求八邊之理勾股弦之式其手法亦不外八綫中弧弦切矢之道立法如是學者亦毋拘拘詣其究竟求我全體無處不成一〇而已

一是編練法雖係走轉圓圈而方圓銳鈍曲直各式即含於其中練至純熟而後則縱橫斜緝上下內外聯絡一氣從心所欲無入而不自得無往而非其道矣

一是編標擧八卦劍生化之道提綱絜領條目井然由納卦說起至變劍要言終是爲全編條目自虛無式起至太極式終爲八卦劍基礎內中起止進退伸縮變化一一詳載練時一動一靜按照定法不使錯亂則此劍神化妙用之功庶幾有得矣

一是編與他種劍術不同名爲走劍又名轉劍或一劍一步或一劍三四步動作步法即是行走旋轉譬之丈徑之圈執劍不動身體環繞或一周而返或三五周而返功純者或數十周而返他種劍術或剛或柔或方或直或縱或橫或成三角等形式其步法劍法要不外乎一劍一步或一劍二步一劍三四步或劍動步不動數者與此旋轉者不同至其應用則亦有異

一是編劍術初學須按式中步法規矩若練之純熟步法或多或少無須拘定至於劍中節次亦爲便於初學不得不加分析習而久之始終只是一貫也

一是編每式各附一圖庶使八卦劍之原理及其性質藉以切實表現用達八卦劍之精神及其巧妙因知各劍各式實係互相聯絡合爲一體終非散式也

一是編附圖均用照像網目版俾使學者得以模仿形式實力作去久之精妙

自見奇效必彰世有同志者願將此道極力擴充傳流後世不令淹沒庶不負古人發明此道之苦心著者有厚望焉

第一章　左右手納卦訣

劍之動作運用與左右手之訣法不外乎陰陽八卦之理裏裹外翻扭轉之道亦即陽極生陰陰極生陽之道也右手執劍手虎口朝上或向前謂之中陰中陽。自中陰中陽往裏裹裹至手心側着謂之少陽自少陽往裏裹裹至手心向上、謂之太陽自太陽再往裏裹裹至極處謂之老陽又自中陰中陽往外扭扭至手背斜側着謂之少陰自少陰扭至手背向上謂之太陰自太陰再往外扭扭至極處謂之老陰　再手中陰中陽、脇膺往下垂着劍尖向前指着或劍尖朝上皆謂之中陰中陽　劍從下邊中陰中陽着往身後邊去、劍尖向外着謂之老陰右手在下邊中陰中陽着、劍尖向前手不改式拉至後邊劍尖仍向前此式仍謂之中陰中陽手中陰中陽着自上邊從前邊往後邊去在前邊劍尖向上、謂中陰中陽劍尖向後並手向後邊去謂之老陽手在上邊劍尖向後邊

手亦在後邊、手老陽着手不改式往前邊來劍尖仍指後着此式仍謂之中陰中陽此右手執劍之訣竅也　左手之訣竅中二指與大指伸着無名指與小指屈着但非舞劍一定不易之訣亦有五指俱伸之時然亦因式而爲蓋左手五指之伸屈藉以助右手運劍之用不必格外用力至其陰陽老少扭轉之式與右手相同惟左手在頭上太陰着手腕極力塌住謂之老陰左手在右脇膺下邊太陰着靠在右脇處手腕極力塌住亦謂之老陰此左手之訣竅也以上左右手之訣竅學者要詳細辯之

第二章　練劍要法八字

走轉裹翻穿撩提按爲練劍要法八字走者行走步法也轉者左右旋轉也裹者手腕往裏裹勁也翻者手腕向外翻扭也穿者左右前後上下穿去也撩者或陰手或陽手望着前後撩去或半弧或圓形因式而出之也提者劍把往上

提也接著手心裏邊向下接也

第三章　八卦劍左右旋轉與往左右穿劍穿手之分別

起點轉法無論何式自北往東走旋之不已謂之左旋自北往西走轉之不已謂之右轉凡穿劍穿手往左右穿者無論在何方若往左胳膊或左足處穿劍穿手或邁足者謂左穿左邁往右胳膊或右足處或穿或邁者謂之右穿右邁此左右旋轉與左右穿劍穿手邁足之分別也

第四章　無極劍學

劍學之無極者當人執劍身體未動之時也此時心中空空洞洞混混沌沌一氣渾然此理是一字生還〇一字者先天之至道還〇者無極之形式是先天一字之所生人生在世未嘗學技動作自然是道之所行是一字也及手執劍正立身體未動是一字生還〇也譬諸靜坐功夫未坐之時呼吸動作是先天

道之自然之所行如同一字也甫坐之時兩腿盤趺兩目平視雖未垂簾觀玄兩手打扣而心中空空洞洞無思無想一氣渾然如同〇也及心神定住再扣手垂簾塞兌觀玄又如同還◉矣所以劍學與丹道初無差別分之則二合而爲一是即劍學無極之理天地之始也丹書云道生虛無返回練虛合道是此意也學者細參之　此理大中秘竅言之

無極圖

無極劍學圖解

起點面正身子直立不可俯仰兩手下垂直兩足爲九十度之形式右手執劍手爲中陰中陽之訣式劍尖與劍把橫平直左手五指伸直手心靠着腿兩手兩足不可有一毫之動作心中空空洞洞意念思想一無所有兩目望平直線看去亦不可移轉將神氣定住此式自動而靜由一而生還〇即爲無極形式內中一切情形與八卦拳學無異此道執械則爲劍無械即是拳所以八卦拳學於各種器械莫不包含學者可與八卦拳並參之

第五章　太極劍學

太極者劍之形式也無極而生乾坤之母左轉之而爲乾像右旋之而爲坤形劍之旋轉是內中一氣之流行也此理是一字而生還〇自還〇而又生⦶也還⦶當中之一豎是由靜極而生動在人謂之眞意在丹道謂之先天眞陽一

氣爲慧劍在形意拳中謂之先天無形之橫拳在八卦劍中謂之太極此式初動內雖有乾坤之理外未具乾坤之象所以謂之太極劍也譬諸坐功由神氣定住再垂簾塞兌回光觀玄之時此時劍之初動是萬物之母是以此劍不必格外再用內功之氣劍之動作規矩法則無不是內家拳術之道與丹道學之理丹書云慧劍可以消身內之魔寶劍可以辟世上之邪

太極圖

太極劍學圖解

起點先將腰塌勁頭往上頂住勁兩肩往下垂着勁舌頂上腭口似張非張似脗非脗鼻孔出氣呼吸要自然不可着意兩足亦往上蹬勁諸處之勁皆是自然用意不要用拙力再將左手大拇指與二指中指伸直無名指與小指用力屈回稍節與中節根節直着與中指相併五指屈伸用力要均勻左手之式並非與他劍捏訣相同取其五指屈伸左手不必格外用力此式能助右手之劍屈伸往來變化之力亦並非一定不易之規矩有時亦可五指俱伸因劍之形式而定學者不可膠執再將右足往裏扭直與左足成爲四十五度之式兩手自中陰中陽皆與右足往裏扭時亦同時往外扭扭至兩手皆至太陰式停住兩胳膊仍靠着身子再將兩腿徐徐曲下兩腿裏曲不可有死灣子如圖是也右手之劍亦與兩腿下曲時同時胳膊靠着右脇劍尖往着左足尖前平着伸

去與左足尖前邊成一交會線手仍是太陰劍把劍尖與心口平左手亦於劍動時手太陰着同時胳膊靠着左脇往右胳膊肘後下邊穿去手背挨着右胳膊左胳膊靠着心口兩眼望着劍尖看去將神氣定住頭頂兩肩下垂有往回縮之意皆是自然不可用拙力方可得着中和之氣而注於丹田也

第六章　乾卦劍學

乾卦劍者是從太極劍這⦶而生後天有形這〇因此式有圓之象有左旋之義故名之爲乾卦劍

第一節　乾卦盤龍翻身

第一節

盤龍翻身

起點先以兩手上下分開右手之劍往外扭至老陰扭時帶往上抬抬至手背到頭額處停住劍尖仍與心口相平此劍之理有動根不動稍之式是此意也左手亦於右手扭時同時往外扭至老陰扭時胳膊靠着身子帶往下伸伸至小腹處停住中食二指指地腰再往下坐兩腿再往下曲頭虛靈頂住兩肩亦往下垂住左脚後根欠起前脚掌着地周身重心歸於右腿兩眼仍視劍尖如

圖是也以上自兩手分時壹至於左足根台起重心歸於右足動作俱是同時要歸成一氣所行皆是用意動作要自然不可拘滯學者要心思會悟身體力行內中之理方可有得也

第二節　乾卦天邊播月

第二節

天邊播月

將兩手左右分開右手之劍仍老陰着往上起過頭胳膊往上伸直又往右邊掃去如一上半月形式至右邊胳膊伸直手往右邊掃時掃至手太陰着手與右肩平停住劍尖略比劍把仰高點左手老陰着與右手劍往上又往右邊掃時亦同時胳膊靠着身子往左邊摟去摟至手太陰與左膝相齊上下相離四五寸許勿拘左足亦於左手往左邊摟時同時極力順着左手邁去足落下地時足尖往裏扣着點停住頭虛靈頂住兩肩鬆開腰塌勁兩腿裏根均往裏縮勁項鬆塌縮皆是用意不可用力右邊小腹放在右邊大腿上兩眼看劍之中節所動之形式如圖是也學者思悟明曉而後行之

第三節　乾卦掃地搜根

第三節
掃地搜根

隨卽將右手之劍手太陰轉少陰胳膊往下落直着往左邊掃去劍離地高矮隨便右手自太陰轉至太陽停住肘靠着右脇前邊手比肘較低下點劍在右足尖右邊斜直着劍尖與右胳膊肘成一斜三角形式右足與劍動掃時同時邁至左足尖處與左足成爲倒八字形式兩足尖相離一二寸許勿拘左手亦於右手劍動時同時直着往上台起自太陰轉老陰老陰又轉至太陰與頭平

大指與左額角處相離二三寸許勿拘停住胳膊爲半月形式兩眼看劍尖腰塌兩腿裏根縮力頭頂肩垂仍如前惟是右手劍太陰着往左邊掃時兩肩要鬆開腹內亦要鬆空停住之形式如圖是也此式學者要深悟之

第四節　乾卦白猿托桃

第四節
白猿托桃

隨後再將右手之劍手太陽着胳膊往前往右轉連伸帶轉伸去如⊂形式手

自太陽往裏裏裏至老陽劍刃上下着手與口平劍尖與右肘成一斜三角形式劍把對左肘(成一斜三角)胳膊如半月形式腰隨着劍轉時亦同時向着右胯扭轉右腿裏根極力往回縮亦隨着腰往右胯扭轉內中之意思裏腿根要圓不要稜角意如⊂之形式兩眼看劍尖左手於劍動時亦同時手太陰着從頭往外翻又往上伸去伸至極處手翻至老陰手虎口亦對着劍尖左胳膊上節相離左耳一二寸許勿拘停住再右足與劍動轉時亦同時斜着往前邁去落地之形式與左足成一斜長方形式身形之高矮隨便勿拘兩足相離之遠近總以再邁後足時不移動形式與內中之重心爲至善處此節之形式觀圖自明將形式定住再往左旋走去旋轉圈圈數目之多寡與地之寬狹不拘乾卦劍之目次分成四節形式雖停而意未停練時總要一氣貫串不獨此卦爲然至於他卦以至變卦劍亦如是也學者要知之

第七章　坤卦劍學

坤卦劍者是從乾卦劍這個有形之○物極必返陽極而生陰成爲這●乾卦劍是自老陰旋轉而至老陽故爲這○坤卦劍是自老陽旋轉而至老陰故爲這●所以此式與乾卦劍有左右旋轉之形式彼左陽旋取乾之名此右陰轉定名坤卦

第一節　坤卦日月爭明

第一節
日月爭明

鵲點從白猿托桃旋轉時右足在前微停即將左足往右足尖邁去與右足成一倒八字形式右手劍自老陽往外翻往下落如掃下半弧綫翻至右邊手至太陰停住劍把與劍尖相平直手與右足尖上下相齊手高矮與心口平劍往下掃時離地高矮勿拘右足與右手劍動時同時邁至右邊落地之形式與左足成一大斜長方形式兩足相離之遠近以右胳膊伸直手與右足尖上下成一直綫爲度再左手自頭上老陰着與右手劍翻動時順着左邊身子往下落自老陰往裏裹連裹帶落手至太陰手虎口與左脇平相離二三寸許勿拘胳膊半月形式停住兩眼看劍吞口前三四寸許勿拘兩腿裏曲仍是半月形式兩腿裏根鬆開勁小腹如放在右腿根上之意兩肩亦鬆開勁腰仍塌住頭虛靈頂住停住之形式如圖是也

第二節　坤卦流星赶月

第二節
流星赶月

再將右手劍太陰着往右邊提轉轉至右手高與鼻平手仍太陰着劍尖與腿根平胳膊略微灣曲點左手太陰着與右手劍動轉時同時往裏裹靠着左脇往右胳膊裏根連穿帶裹穿去至右胳膊裏根手太陽着停住左足與左手亦同時往前邁去至右足尖處與右足成一倒八字形式兩腿灣曲着右手劍提轉時是身子並腰與右腿根同時往右轉不惟劍轉也兩眼看右手停住之形

式如圖是也頭頂肩垂腹鬆臍開腿根縮勁塌腰皆如前

第三節　坤卦青龍返首

第三節
青龍返首

再即將右手劍太陰着往外翻又往左邊如掃橫弧線又極力往前穿去手至老陰手高與頭平手背離頭二三寸許勿拘停住劍尖與左胯相平左手太陽着與右手劍同時翻至老陰手腕塌住往前伸直胳膊仍靠着身子左足與右

手劍穿時亦同時往外邁去（足左邊爲外）落地與右足成一斜長方形式鼻子形式高矮勿拘兩眼看劍尖轉動時是腰與左腿根同時往左邊扭轉停住之形式如圖是也內外一切之動仍如前微停再往右旋轉走去旋轉一周或二周或數周勿拘圈之大小亦勿拘轉法與乾卦白猿托桃法相同彼是手老陽着此是手老陰着彼是往左旋轉此是往右旋轉旋轉之數雖多寡不拘但此劍之效力惟在左右變換旋轉總期旋轉之數多多益善此節與本卦第一節雖分三節亦是一氣串成形雖停而意未停學者要知之

第八章　坎卦劍學

坎卦者水之象也劍之形式如流水順勢之意故名爲坎卦劍也內中有掃托之式又有換式截抹之法於此劍中用之變換最巧者也

第一節　坎卦天邊掃月

第一節　天邊掃月

見乾卦第二節圖

從坤卦青龍返首式將左足在前邊隨即再將右足邁至前邊落地與左足成一倒八字形式隨後將右手劍老陰着胳膊直着往右邊掃去如掃上半月形式至右邊胳膊直着手往裏裏掃時掃至手太陰手與右肩平停住劍尖略比劍把仰高點左手老陰着與右手劍往裏裏掃時同時胳膊靠着身子從右臨往下又往左邊摟去摟至手太陰與左膝相齊上下相離四五寸許勿拘左足

與左手往左邊摟時亦同時極力順着左手邁去足落地足尖往裏扣着點兩眼看劍之中節停住之形式一切之勁性與乾卦二節式相同

第二節　坎卦仙人背劍

第二節　仙人背劍

即將右手劍太陰着往裏裏掃又往上提裏至右手老陽與頭平右手相離頭左邊四五寸許勿拘劍刃與右肩尖上下相齊兩眼回頭看劍尖裏邊五六寸

許勿拘右足與右手劍裏時同時往左足尖處邁去落地與左足成一倒八字形式左手太陰着與右手劍動時亦同時回到腹處大指根靠着臍處手腕塌住勁兩腿灣曲着身子高矮勿拘停住之形式如圖是也塌腰項頭縮腿根之勁仍如前

第三節　坎卦仙人換影

第三節　仙人換影

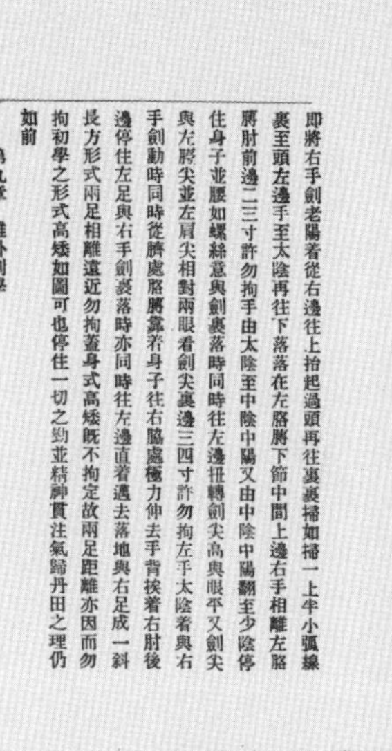

即將右手劍老陽着從右邊往上抬起過頭再往裏裹掃如掃一上半小弧線裹至頭左邊手至太陰再往下落落在左胳膊下節中間上邊右手相離左胳膊肘前邊二三寸許勿拘手由太陰至中陰中陽又由中陰中陽翻至少陰停住身子並腰如螺絲意與劍裹落時同時往左邊扭轉劍尖高與眼平又劍尖與左膀尖並左肩尖相對兩眼看劍尖裏邊三四寸許勿拘左手太陰着與右手劍動時同時從腈處胳膊靠着身子往右脇處極力伸去手背挨着右肘後邊停住左足與右手劍裹落時亦同時往左邊直着邁去落地與右足成一斜長方形式兩足相離遠近勿拘蓋身式高矮既不拘定故兩足距離亦因而勿拘初學之形式高矮如圖可也停住一切之勁並精神貫注氣歸丹田之理仍如前

第九章　離卦劍學

離卦者屬火也空中之象也於此離卦劍式之中有脫換搜抹虛空靈妙之法故取名爲離卦劍也

第一節　離卦日月爭明

第一節　日月爭明

起點從白猿托桃式右足在前微停即將左足往右足尖處邁去與右足成一倒八字形式右手劍自老陽往外翻着往下落如掃一下半弧線翻至右邊手至太陰停住劍把與劍尖相平直手與右足尖上下相齊手之高矮與心口平劍往下掃時右足同時邁至右邊落地之形式與左足成一大斜長方式兩足相離之遠近右胳膊伸直手與右足尖上下成一直線爲度再左手自頭上老陰着與右手劍動翻時順着左邊身子往下落自老陰往裏裹連裹帶落手至太陰手虎口與左脇平相離二三寸許勿拘將膊半月形式停住兩眼看劍吞口前三四寸許勿拘一切之形式與坤卦劍第一節式均相同

第二節　離卦白猿偸桃

第二節　白猿偸桃

再將右手劍太陰着胳膊直着往外翻扭又往上起翻扭至手老陰與頭平手背離頭三四寸許勿拘劍尖與左膀成一平直線左手太陰着與右手劍往外翻扭時同時往裏裹靠着左脇往右胳膊下節中間極力穿去至手太陽與心口平左足與左手穿時亦同時邁至右足尖處與右足成一倒八字形式兩眼看劍尖裏邊四五寸許勿拘兩腿灣曲着停住之形式如圖是也一切之勁仍

照前

第三節 離卦仙人脫殼

第三節 仙人脫殼

再將右手劍老陰着從頭前往上起又往外翻扭到極處手至太陽又從頭上往右邊胳膊直着如返掃弧線往右胯前邊落下去手至少陽胳膊仍直着手與右腿裏根平手離腿根遠近手與右足尖在一圓弧線上爲度劍尖與右肩

尖成一平線兩眼再看劍尖裏邊六七寸許勿拘翻身之時眼看着劍過來再腿根與腰亦同時向右扭轉再左手太陽着與右手劍往上起時同時往外翻扭又往上起至頭上胳膊伸至極處手轉至老陰手虎口對着右手左胳膊之形式與白猿托桃左胳膊形式相同右足與兩手動時亦同時往右邊邁去落地與左足成一斜長方形式兩足相離之遠近勿拘形式高矮亦勿拘初學時遠近高矮照圖形式可也內中一切之情形與八卦拳學大蟒翻身意思相同形式雖分三節內中之神氣務要一貫學者要知之

第十章 震卦劍學

震卦者動之象也在卦則爲雷在五行則屬木有青龍之象在劍學則有直穿斜穿上下左右穿刺之形式因有穿刺之法則故取名爲震卦劍木形之理也

第一節 震卦白蛇伏草

第一節 白蛇伏草

起點從坤卦青龍返首式右手劍老陰着左足在前隨即將右足邁在左足尖處兩足成一倒八字形式再將右手劍從老陰往裏裹又往下落裹至手中陰中陽胳膊半月形式手離右腿根四五寸許勿拘劍與右腿根相平劍離身之遠近一二寸許勿拘左手從右脇老陰着與右手劍往裏裹時同時轉太陽靠着身子往下伸直又往左邊摟去摟至胳膊伸至極處手至老陰手與劍尖相

平成一直線左足與左手往左邊摟時亦同時往左邊邁去落地兩足相離之遠近左足尖與左手稍上下相齊爲度兩腿灣曲下腰塌住勁身子往前俯着點俯至左邊小腹放在左大腿根上之意兩眼看左手中二指稍停住之形式如圖是也

第二節 震卦潛龍出水

第二節 潛龍出水

起點即將左足抬起不可高極力往外扭落地足尖向外右手劍中陰中陽着往前直着穿去穿至極處再按把劍尖隨着往上抬起起至劍尖與把上下相直劍尖微往外坡着點胳膊直着右手之高矮與左手相平右足與右手劍穿時同時往前邁去足尖往裏扣着落地與左足尖成一倒八字形式此式兩足尖相離略遠點大約五六寸許勿拘再左手老陰着與右手劍動穿時亦同時往心口下邊來從老陰裏至太陰大指根陷坑靠住身子心口下邊兩眼於劍往前穿時看劍尖俟劍尖台起停住時看劍牟腰中上下勿拘腰塌住勁兩腿灣曲着停住之形式如圖是也

第三節　震卦青龍探海

第三節

青龍探海

即將右手劍中陰中陽着往外翻扭又往上起望着右眉處而來至眉處手轉成老陰劍尖從上邊往左邊來從眉前斜着往前又往下極力探去去手仍是老陰着手與心口相平劍尖與左足成一平綫再左手太陰着與右手劍動時同時往裏裹裹至手太陽俟右手至眉處往前探時亦同時手太陽着胳膊挨着身子從心口處往上穿去手至頭正額處往外翻扭扭至老陰胳膊過頭伸

至極處停住左足與劍探時並左手往上穿時亦同時往上提起腳面繃着足心在右膝上邊挨住腰塌住勁兩腿裏根縮住勁身子微往前俯着點兩眼看劍尖停住之形式如圖是也此式亦是一二三節合成一氣練之譬如坤卦初變震次兌次乾雖然形式變化有三內中實是一氣貫串八卦劍形式變化亦然無論何卦劍之形式外邊雖分節次內中亦皆是一以貫之也學者要細悟之

第十一章　艮卦劍學

艮卦者山之象也艮其背不獲其身行其庭不見其人此劍有止而不進之意又有退藏之形故取名爲艮卦劍昔人云縮身藏於劍之下有見劍不見人之意是此義也

第一節　艮卦黑虎出洞

第一節

黑虎出洞

起點從坤卦劍末節返首劍手老陰着左足在前隨即將右足邁在左足尖處與左足成一倒八字形式微停即將右手劍從老陰往裏裹裹又往下落裹至手中陰中陽胳膊半月形式手離右腿根四五寸許勿拘劍與右腿根相平劍離身之遠近一二寸許勿拘左手從右脇老陰着與右手劍往裏裹時同時轉太陰靠着身子往下伸直又往左邊摟去摟至胳膊伸至極處手至老陰手與劍

尖相平成一直線兩眼隨着看左手中二指稍左足與左手往左邊擻時往左邊邁去落地兩足相離之遠近左足尖與左手稍上下相齊爲度此時與白蛇伏草式相同往下則不同矣式不停隨即將右手中陰中陽着極力平着往前刺去劍之高矮劍尖劍把與心口平兩眼俟劍刺出看劍尖左手從老陰着與右手劍刺時同時轉太陰又與劍刺至極處時亦同時五指伸開扣在右手腕上前左膝極力往前攻右腿極力蹬直左邊小腹放在左邊大腿根上腰塌住勁頭項兩肩往回縮住勁身子微往前俯着點停住之形式如圖是也

第二節　艮卦白蛇吐信

第二節　白蛇吐信

即將右手劍中陰中陽着往下按劍把劍尖往上起一條弧線着往右邊來從左邊至右邊成一半月形式右胳膊曲回時靠至右脇右手轉爲老陽右手離胸前一二寸許勿拘劍尖與劍把平直再左手太陰着與右手按劍把時同時往裏裹裹至太陽再從右手腕裏邊胳膊靠着身子往外扭又往下穿去至左腿根手轉成太陰左足與右手劍往右邊歪時亦同時扭足根足尖往裏扣此

時之形式似停而未停右手劍仍老陽着往前刺去胳膊伸至極處手之高矮與上胸平兩眼看劍尖左手太陰着與劍往前刺時亦同時往左邊擻去胳膊伸至極處手轉成老陰手高矮與左脇下窩平兩腿灣曲着停住之形式如圖是也

第三節　艮卦青龍截路

第三節　青龍截路

即將右手劍老陽着往外翻扭扭至太陰胳膊直着手與右足尖前上下相齊右手高矮與胸前平劍尖與左肩成一平線亦勿拘兩眼看劍當中勿拘右足與右手劍往外翻扭時同時足尖往外擺落地與兩足八字形相似左手老陰着與右手劍翻時亦同時往裏裹胳膊曲回手裏至太陽靠住左脇兩腿曲下兩腿根縮住腹內要鬆空停住之形式如圖是也

第四節　艮卦白猿偸桃

第四節　白猿偸桃

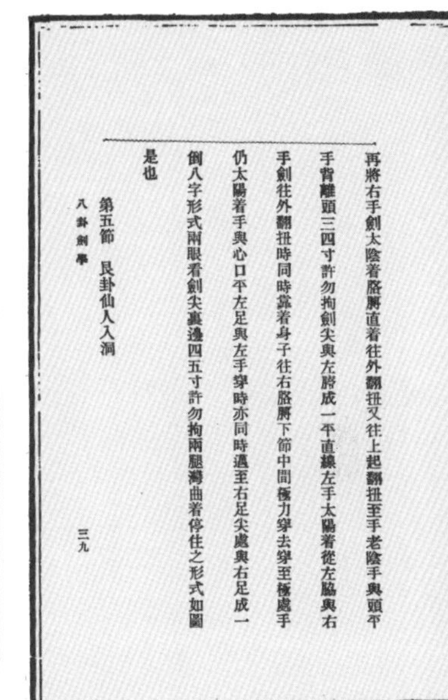

再將右手劍太陰着胳膊直着往外翻扭又往上起翻扭至手老陰手與頭平手背離頭三四寸許勿拘劍尖與左膀成一平直線左手太陽着從左脇與右手劍往外翻扭時同時靠着身子往右胳膊下節中間極力穿去穿至極處手仍太陽着手與心口平左足與左手穿時亦同時邁至右足尖處與右足成一倒八字形式兩眼看劍尖裏邊四五寸許勿拘兩腿灣曲着停住之形式如圖是也

第五節　艮卦仙人入洞

第五節

仙人入洞

再將右手劍老陰着從頭前往上起又往外翻扭到極處手至太陽又從頭上往右邊胳膊直着如返掃弧線往右邊落下去胳膊伸至極處手至少陽與小腹平手離小腹尺許勿拘身子與右手劍掃時同時往右邊扭轉兩眼看劍當中上下勿拘劍尖與右足尖相平直勿拘劍尖又與右肩成一斜直線右足與右手劍往下落時同時極力提起起至足心挨着左膝上邊脚面繃着左手太

陽着與右手劍往上起時同時往外翻扭又往上起至頭上胳膊伸至極處手轉至老陰手大指根對着右手左胳膊之形式與白猿托桃左胳膊動作相同左腿灣曲着兩腿裏根往裏縮勁腰塌住勁身子微往前俯着點停住之形式如圖是也

第六節　艮卦日月爭明

第六節

日月爭明

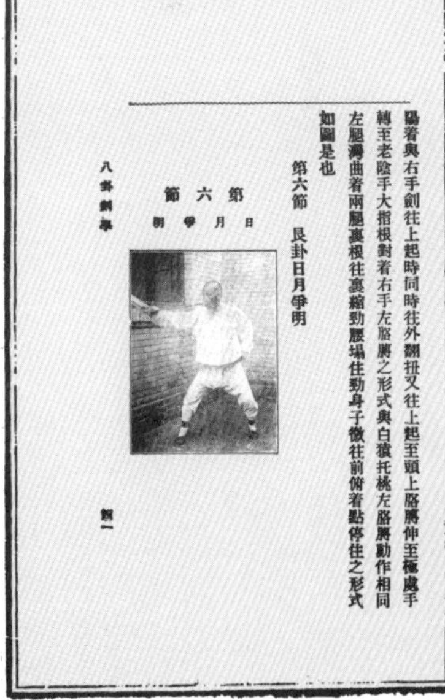

即將右足往右邊邁去落地足尖直着微往裏扣着點與左足成一大斜長方形式右手劍自少陽着與右足邁時同時往外翻扭胳膊直着往下邊如掃下弧線翻至右邊手至太陰停住劍把與劍尖相平直手右足尖上下相齊手高矮與心口平劍往下掃時離地高矮勿拘再左手自頭上老陰着與右手劍動翻時順着左邊身子往下落自老陰往裏裏連裏帶往下落手至太陰手虎口與左脇平相離二三寸許勿拘胳膊半月形式手腕往後撐着勁停住兩眼看劍吞口前三四寸許勿拘一切之形式勁性與坤卦第一節形式相同

第七節 艮卦流星趕月

第七節 流星趕月

再將右手劍太陰着往右邊提轉轉至右手高與鼻平手仍太陰着劍尖與腿根平胳膊略微灣曲點左手太陰着與右手劍動轉時同時往裏裹靠着左脇往右胳膊裏根連穿帶裹穿去至右胳膊裏根手太陽着停住左足與左手亦同時往前邁去至右足尖處與右足成一個八字形式兩腿灣曲着右手劍攏

轉時是身子並腰與右腿根同時往右轉不只劍轉也兩眼看右手停住之形式與各處之勁與坤卦第二節相同

第十二章 巽卦劍學

巽卦者風之象也在天爲風在人爲氣在卦爲巽巽卦劍有順旋逆返之式週風混合之理有散有收因有風之理故名爲巽卦劍也

第一節 巽卦葉裡藏花

第一節 葉裏藏花

起點白猿托桃式右足在前即將左足邁在右足尖處與右足成一個八字形式停住再將右手劍老陽着往外翻扭扭至手太陰右足與右手劍往外翻扭時同時往右邊邁去落地足尖往外擺着身子與劍往外翻時同時往右邊扭轉右手靠着左脇劍平直着劍之所指與左足根上下成一直線左手於右手劍往外翻扭時亦同時老陰着往裡裹又往下落裹至手太陽胳膊直着高與心口平兩腿曲下兩腿裏根縮住勁腹內鬆空着兩眼順着右肘往前平着看去停住之形式如圖是也

第二節 巽卦葉裏藏花

第二節 葉裏藏花

右手劍與左手不動即將左足邁至右足尖處與右足成一個八字形式兩腿曲着塌腰縮腿裏根一切之勁仍如前兩眼仍順着右肘往平看去停住之形式如圖是也

第三節 巽卦葉裏藏花

再將右足往右邊擺着邁去落地直着足尖微往裏扣着點兩足之形式仍與斜長方形式相似勿拘隨即右手劍太陰往右邊橫平着擺去身子與劍往右邊擺時同時往右邊扭轉劍擺至與左足根上下爲一平線手仍太陰着兩眼看着劍尖左手太陽着與右手劍往右邊擺時同時與右手左右分開胳膊伸至極處手仍太陽着與右手左右相平腹內鬆空神氣定住兩腿曲着停住之形

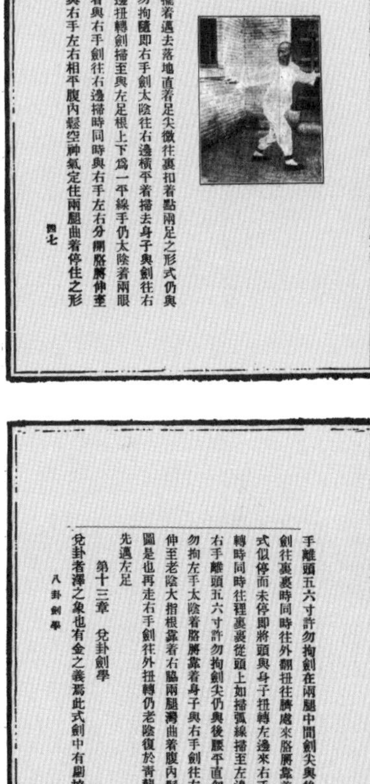

第三節 葉裡藏花

式如圖是也

旋轉之形式自一節起左足扣右足往外擺至二三節兩足之形式皆是從着圓圈外邊〇擺扣不往圈裏邊去學者要知之

第四節 巽卦猛虎截路

第四節 猛虎截路

兩足不動即將右手劍太陰着往裏裹又往上起起至與頭平手裹至老陽右

手離頭五六寸許勿拘劍在兩腿中間劍尖與後腰平勿拘左手太陽與右手劍往裏裹時同時往外翻扭往臍處來胳膊靠着身子兩眼看劍當中勿拘此式似停而未停即將頭與身子扭轉左邊來右手劍老陽着胳膊伸直與身扭轉時同時往裡裹裹從頭上如擺弧線擺至左邊來手裹至老陰手高與頭平右手離頭五六寸許勿拘劍尖仍與後腰平直勿拘兩眼看劍尖或劍尖裏邊勿拘左手太陰着胳膊靠着身子與右手劍往左邊裹時亦同時往右脇伸去伸至老陰大指根靠着右脇兩腿彎曲着腹內鬆空氣沈丹田停住之形式如圖是也再走右手劍往外扭轉仍老陰復於青龍返首之式往左旋走去走時先邁左足

第十三章 兌卦劍學

兌卦者澤之象也有金之義焉此式劍中有劚搽之法又有劈搽之形有搜捉

之理會剛陽之義故名爲兌卦劍也

第一節 兌卦劚膀

第一節 劚膀

起點乾卦白猿托桃式右足在前即將左足邁至右足尖處與右足成一倒八字形式右手劍老陽着與右足邁時同時往左膀尖外邊劚去胳膊伸直往下落去胳膊靠着身子右手劍中陰中陽着手挨着左腿裏根劍尖與左肩平勿

拘兩眼看劍尖或劍尖裏邊勿拘左手老陰着從頭上與右手劍動時同時往裏裏又往下落落至臍處手至中陰中陽不停卽速肘靠着左脇手心挨着身子與右手劍劒時同時往上穿去穿至中二指與頭齊手太陽着（手心對面即是太陽）兩腿曲下腰塌住勁兩腿裏根往回縮住停住之形式如圖是也

第二節　兌卦回馬劍

第二節 回馬劍

即將右手劍中陰中陽着胳膊直着從左腿根處如走弧線往右邊又往上提去提至右手與胸平手至老陰劍尖往前斜指着劍尖高與膝平勿拘此式有撩劍之意兩眼看劍尖處左手太陽着從頭前與右手劍往右邊提時同時順着身子往下落落至臍處手心挨着身子右足與兩手動時亦同時往前邁去落地足尖微往外扭着點步之大小不可有意務要腿往前邁時與平常行路一樣自然不可勉强停住之形式如圖是也

第三節　兌卦回頭望月

即將右手劍老陰着直着胳膊往上提起起至頭上手仍是老陰自頭上不停再往右邊身後劈去胳膊伸至極處手中陰中陽着劍尖往外仆着點手高與胸平兩眼看劍中間勿拘劍往後邊劈時劍尖走一條上弧線自前邊往後邊劈過身子與劍往後劈時同時往右邊扭轉左手中陰中陽着從臍處與右手劍往上提時同時往前又往下斜着伸去伸至極處手與腿根平此時右手到

第三節 回頭望月

頭上右手劍在往後邊劈時左手亦同時再往上起起至高與右手前後相平手至太陰停住再左足與右手劍往上提時同時邁至前邊落地足尖直着微往外擺着點再右足與右手劍從頭上往後邊劈時亦同時邁至前邊落地足尖往外擺着兩腿微灣曲着點邁左右足時均要自然意與行路無別停住之形式如圖是也

第四節　兌卦仙人釣魚

第四節 仙人釣魚

隨即將右手劍中陰中陽胳膊直着如畫弧線往下落落至離右胯六七寸許勿拘劍刃亦直着往下落落至劍尖與劍把相平劍尖往下低點亦勿拘左手太陰胳膊直着亦如畫弧線與右手劍往下落時同時往上起起至手過頭仍是太陰與右手上下前後成一斜直線左足於兩手動時亦同時往前邁去落地足尖極力往外撇着形式不可停再將右手劍中陰中陽着從右胯後邊如畫下弧線往前邊撩去撩至手老陽手高與胸平劍尖與右臉平兩眼望着右手前邊看去再左手太陰着與右手劍往前邊動作撩時同時往外扭扭至老陰如畫上弧線往左邊來又往下落落至與右手相平胳膊直着手又轉至太陰右足與兩手動時亦同時邁至前邊落地足尖極力往裏扣着與左足成倒八字形式此倒八字形式兩足尖要相離四五寸許勿拘再將右手劍老陽着胳膊直着如畫上弧線從右邊往左邊斫去胳膊伸至極處手中陰中陽着右

手高與心口下臍上相平亦勿拘身子與右手劍往左邊斫時同時向左扭轉兩眼看劍尖處再左手太陰着往裏裹與右手劍動時同時到小腹處手心挨着身子又從小腹處與劍往下斫時同時順着身子往上去胳膊伸至極處手扭成老陰再左足右手劍往左斫時亦同時極力抬起腳面繃着足心挨右膝上邊兩腿裡根往裏縮住勁頭項勁身子微往前俯着點右腿略有曲之意思停住之形式如圖是也此四節雖有停住形式亦要一氣貫串學者要細參之

第十四章　八卦劍應用要法十字

挑　托　抹　掛　劚　搜　閉　掃　順　截

挑者手老陰着如青龍返首式往前去挑住敵人之手腕或胳膊皆可謂之挑

托者手老陽着如白猿托桃式往前去托住敵人之手腕或胳膊俱是謂之托

挑時多在敵人劍裡托時多在敵人劍外

抹者將敵人之手腕或胳膊用劍挑住或托住後身形與劍或左或右走去是謂之抹

掛者敵人之劍已及己腕或斫己身右邊時用劍迎在敵劍上邊曲回胳膊縮回身體與劍一氣往回帶敵之劍隨帶隨出看勢擊敵是之謂掛

劚者敵人用手托住左臂或劍將及左臂時即將左胳膊往右胳膊下邊伸去用劍往左肩前邊斫去是謂之劚

搜者敵人之劍或斫我上或斫我下我之劍意在敵先望敵手腕或左或右似劊物然速去速回倏忽若電是之謂搜

閉者敵人之劍將出而未出之時即速用劍堵住敵手不令出劍此之謂閉

掃者上下掃也敵腕被我用劍挑住彼欲變法我速用劍纏繞彼腕令彼欲變不得是謂上掃敵劍斫我裡腕或外腕時即速縮身下式或左或右用劍望着

敵人之腿如掃地一般斫去謂之下掃

順者敵劍望我擊來我順彼勢隨之引出或敵劍將要抽回我順彼勢隨之送入皆謂之順用此字時不可強硬進退均以意為之

截者敵劍擊來我速用劍攔住敵腕或劍令彼不能得勢無分上中下三路均謂之截

上十字者即此劍應用之要法也雖云要法然用時亦必內而神意外而手足與劍合為一體方可應用咸宜變化無窮

第十五章　八卦變劍要言

八卦劍之道有正劍有變劍正劍即體劍也亦即八綱劍也變劍者自八綱劍互相聯合錯綜變化而生無窮之形式也譬之易卦伏羲八卦為先天卦是體卦也文王六十四卦為後天卦是變卦也至於周公三百八十四爻則又變中

之變也或曰是劍既有變化之道自應與正劍一體爲之圖爲之解以貽後學俾免失傳奈何是編僅舉八綱而不及其變乎曰是難言也鄙意亦何嘗不爾惟是此劍之理雖與易道變化相同然此劍形式之變化則與易道有異易卦形式之變乾變坤坤變乾泰變否否變泰或上變而下不變或下變而上不變或上下不變而內卦變內中之理無論如何變化外形固皆有迹象之可尋是劍之變化則不然也例如乾卦劍中白猿托桃一式身形不動是此式身形高矮不同仍是此式走轉一步是此式走轉無數步亦是此式故劍變身不變者有之身變劍不變者有之手與劍不變而足變者固謂之變身劍手足皆不變惟眼神所注上下左右有所移換則亦變也其變化之至微妙者外形完全不變而內中之意變亦不得不謂之變也ニ身之變化與天地生物不測之意正同則其式寧可數計若爲圖解既非若卦畫之簡易易明則仍難免罣一漏萬

之誚是以提綱振領僅舉正劍之形不及變劍之式然學者即身體驗時習力行求其正即以達其變見仁見智識大識小亦各存乎其人久久精純道理自得充於中形於外從心所欲罔或踰矩靜則存動變則變而至於化化而通於神正劍云乎哉變劍云乎哉

民國十六年十一月初版

八卦劍學每冊
定價大洋六角

著述者　蒲陽孫福全
校閱者　陳慎先　吳心穀
印刷者　北京楊梅竹斜街西首公記印書局　電話南局一〇四〇
發行者　北京大理院後身蒲陽孫寓　旗守衛二十二號
代售處　北京廊房頭條武學書局　北京琉璃廠武學書館　北京各大書坊

歡迎至本公司購買書籍

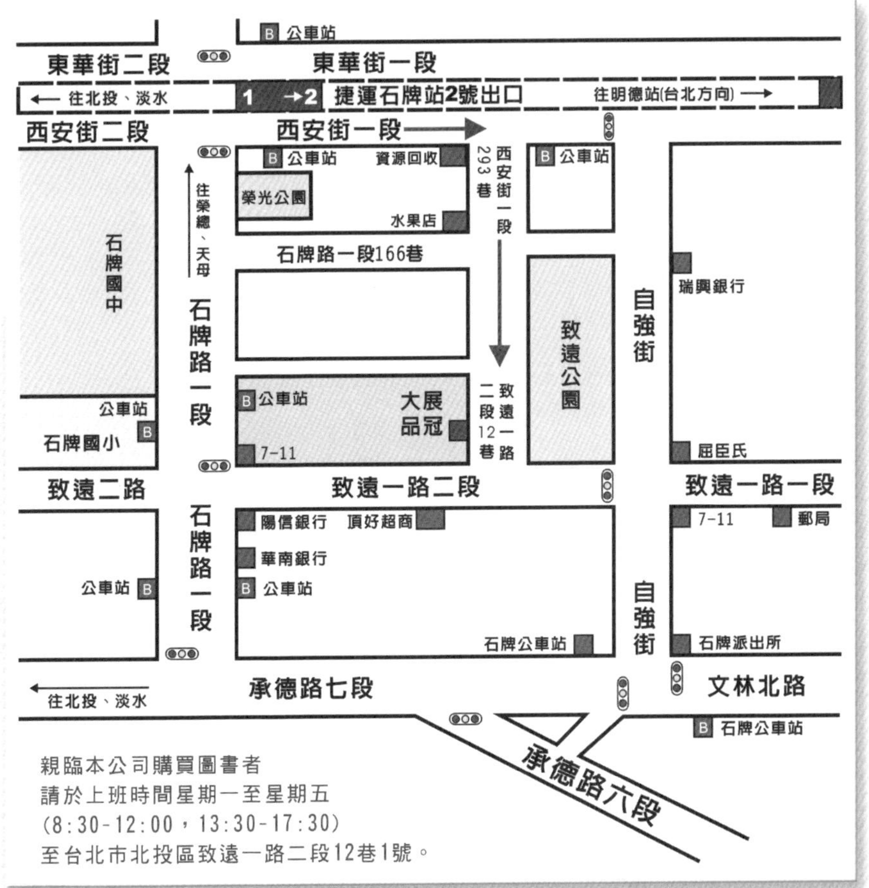

建議路線

1.搭乘捷運

淡水信義線石牌站下車，由月台上二號出口出站，二號出口出站後靠右邊，沿著捷運高架往台北方向走(往明德站方向)，其街名為西安街，約80公尺後至西安街一段293巷進入(巷口有一公車站牌，站名為自強街口，勿超過紅綠燈)，再步行約200公尺可達本公司，本公司面對致遠公園。

2.自行開車或騎車

由承德路接石牌路，看到陽信銀行右轉，此條即為致遠一路二段，在遇到自強街(紅綠燈)前的巷子左轉，即可看到本公司招牌。

國家圖書館出版品預行編目資料

孫祿堂八卦劍學 ／ 孫祿堂 著
——初版，——臺北市，大展，2018〔民107.11〕
面；21公分 ——（武學名家典籍校注；10）
ISBN 978－986－346－230－9（平裝）
1.劍術 2.中國
528.974 107015544

孫祿堂 八卦劍學

著　　者／孫 祿 堂
校 注 者／孫 婉 容
責任編輯／王 躍 平
發 行 人／蔡 森 明
出 版 者／大展出版社有限公司
社　　址／台北市北投區（石牌）致遠一路2段12巷1號
電　　話／（02）28236031・28236033・28233123
傳　　真／（02）28272069
郵政劃撥／01669551
網　　址／www.dah-jaan.com.tw
E-mail／service@dah-jaan.com.tw
登 記 證／局版臺業字第2171號
承 印 者／傳興印刷有限公司
裝　　訂／眾友企業公司
排 版 者／弘益電腦排版有限公司
授 權 者／北京科學技術出版社
初版1刷／2018年（民107）11月

定 價／220元